ESQUEÇA A PERFEIÇÃO

Lisa Earle McLeod
com JoAnn Swan Neely

ESQUEÇA A PERFEIÇÃO

TRADUÇÃO:
Vitória Paranhos Mantovani

2002

EDITORA BEST SELLER

Título original: *Forget Perfect*

Coordenação editorial
Janice Flórido

Edição
Roberto Pellegrino

Editora de Arte
Ana Suely S. Dobón

Revisão
Eliel Silveira Cunha

Editoração eletrônica
Dany Editora Ltda.

EDITORA NOVA CULTURAL
Direitos exclusivos da edição em língua portuguesa no Brasil
adquiridos pela Editora Nova Cultural Ltda.,
que se reserva a propriedade desta edição.

EDITORA BEST SELLER
uma divisão da Editora Nova Cultural Ltda.
Rua Paes Leme, 524 - 10º andar - CEP 05424-010
Caixa Postal 9442 - São Paulo, SP

2002

Impressão e Acabamento
R.R. Donnelley América Latina
Tel.: (55-11) 4166 3500

Em homenagem a

Frances Bell Earle 1939-1992
Professora, mãe, ativista e, eu espero em nosso próximo encontro, amiga

e

Pearl Bates Swan 1915-1997
Que deu o melhor de si, mesmo quando as coisas estavam muito ruins.

SUMÁRIO

AGRADECIMENTOS

Nenhuma novata escreve um livro sem receber muito apoio da família e dos amigos. Sou realmente afortunada por ter tal enorme "comitê" do meu lado. Gostaria de agradecer a todos eles pelas suas contribuições únicas e maravilhosas. Minha família:

Meu marido, Bob, por acreditar que sua esposa maluca poderia fazer qualquer coisa a que se dispusesse, e por lembrá-la disso sempre que ela precisava. Sou eternamente grata por você ter sido aquele com quem me deparei.

Minhas duas filhas sensacionais — Elizabeth, por ter um espírito generoso e atencioso que me ajudou a ouvir a minha voz, e modelo de uma grande escritora, e Alex, por me animar nos momentos difíceis e por simplesmente ser a pessoa cintilante que é.

Meu pai, Jay Earle, por dar-me o dom da loquacidade e a tenacidade de ver as coisas completas.

Minha madrasta, Judy, por compartilhar comigo suas histórias de vida, e por distribuir volumes tão desavergonhadamente quanto uma mãe orgulhosa é capaz de fazer.

Leslie, por fornecer-me a perspectiva correta e pacientemente ensinar à sua patética irmã mais velha, que não é uma grande digitadora.

Jim — poucos irmãos reservariam um tempo para ler e fornecer comentários perspicazes sobre um livro de auto-ajuda para mulheres, e sua esposa, Sheri, por ajudar-me em alguns termos "técnicos".

O grupo original de orientadores editoriais, sem cujo apoio inicial e interminável eu não teria conseguido viver: Steve Fugate, o protótipo do "grande sujeito", cujo humor e criatividade inspiraram os questionários, sem mencionar o título. Sua esposa, Deb, por partilhar suas idéias sobre a vida numa cidade pequena, e a graciosa tolerância que demonstra à tagarela amiga do seu marido.

Ann Wapstra, sua disposição de rir de si mesma e o reluzente exemplo do que realmente é a amizade são inspiradores. E, sim, você é de fato uma mulher muito sábia.

As duas incríveis profissionais que transformaram uma oradora em escritora: minha agente, Laurie Harper, uma deusa das vendas e da literatura de cujas palavras eu dependo. Soube que a amava desde a primeira vez em que li sua biografia. Minha brilhante editora, Sheila Curry Oakes, cuja atenção aos detalhes e comprometimento com sua tarefa melhoraram imensamente o meu material. Que você possa ser eternamente recompensada pela paciência e determinação que demonstrou ao guiar uma novata ao longo do processo.

Todo o restante dos membros do comitê:

Chip Bell, que foi o entusiasmado mentor de uma novata.

Gail Cangiano, por resgatar-me do sentimentalismo de Laurie.

Carol Carson, por sua ajuda e perícia ao lidar com o marketing do meu material.

Pat Fields, por fornecer a inspiração para a mulher sábia.

Shannon Foster, a fornecedora do *feedback* em JIT; estou pagando para ver o próximo.

Emily Earle Graffeo, que generosamente dividiu sua perspectiva "intro" do mundo.

Myra Hellmund, por descrever suas experiências e fornecer-me comentários sobre o plano de periódicos.

Jennie Noonan, por fornecer-me informações precisas e corretas quando precisei.

Jodie e Mark Mesler, por reler o tolo livro da sua vizinha todas as vezes em que ela mudava duas palavras.

Larry Lowenstein e sua classe de editoria de livros, por algumas instruções muito necessitadas. Aquelas duas mulheres insistentes que monopolizavam todas as discussões tinham um plano, no fim das contas.

Jane Moore, por mostrar-me uma outra face do câncer de mama.

Marieke e Magda, por manterem as crianças afastadas enquanto eu escrevia.

Debby Richmond, que adorou tudo desde o começo.

Kenny e Nathan Simmons, sua reação àquela carta deu-me mais confiança do que vocês podem imaginar.

Teressa Tanner, o momento "Wal-Mart" foi precioso.

Ellen Marion Velcoff, uma grande amiga e companheira, com um gosto maravilhoso para presentes.

Tove Pedersen White, um amigo de verdade.

Bobbie Williams, aprendi mais em sua classe de redação do primeiro grau do que em todo o tempo em que estive na faculdade.

E todos aqueles que compartilharam seus pensamentos, histórias e idéias comigo: Angie, Allison, Barbara, Bettye, Bonnie,

Carol D., Donna, Elaine, Emily, Frankie, Frankie Lynn, Gladys, Gail Holly, Jan, Karen, Laura, Melita, Micki, Nancy S., Nancy T., Rachelle, Lyne, Lynn, Tracy, e todas aquelas mulheres que acabaram abrindo-se à senhora xereta sentada ao lado delas no avião. Agora já sabem por que ela tomava notas enquanto vocês desabafavam.

O pessoal que trabalhou na parte logística: Terri Hennessey, por toda sua ajuda; a equipe de Putnam, por sua criatividade e apoio em marketing; Joan Perrin-Falquet, por sua bela arte de capa; Mary Beavers, por conseguir tirar uma foto minha mais ou menos decente; Chris Houser e Jon Geganto, por montarem meu *Web-site*; e as senhoras do grupo "Five Forks", da Biblioteca Pública de Gwinnett, por me ajudarem nas pesquisas.

Um agradecimento especial a Mark e John Neely, por dividirem comigo sua esposa e mãe durante dois anos.

E, finalmente, sou eternamente grata à minha maravilhosa amiga e parceira, JoAnn Swan Neely. O seu apoio, enquanto partilhamos esta jornada, jamais será esquecido. Nós conseguimos!

PRÓLOGO

AH, QUE DIFERENÇA ELA FEZ!

Toda mulher, em algum ponto de sua vida, tem um "momento". É aquele breve período de tempo em que você desiste de seguir com a correnteza e pensa a respeito da sua vida e o que tudo isso realmente significa. Já ouvi algumas pessoas o descreverem como o momento "ahn". Quando penso nos momentos ahn, imagino uma pessoa parada no topo de uma montanha com uma visão nítida do Universo abaixo, e nesse momento o significado da vida torna-se claro para ela.

Muitas das minhas amigas e eu mesma tivemos o momento mais típico que advém de trabalho demais, sono de menos, vinte mensagens não respondidas, falta de roupas de baixo limpas e algumas contas não pagas, que culmina num grito de desabafo do tipo "Que diabo estou fazendo com a minha vida?". Em vez de referir-me a esses momentos como um ataque de nervos, que é o que parecem ser, irei chamá-los de "lampejos". A base para este livro são algumas das conclusões a que chegamos durante os nossos próprios lampejos pessoais, enquanto tentávamos ponderar sobre a pergunta "Que diabo estou fazendo com a minha vida?".

Meu maior lampejo ocorreu no funeral de minha mãe, quando eu tinha 29 anos e estava grávida de sete meses. Mamãe morrera aos 53 anos, após uma longa batalha de um ano contra o câncer de mama. Nós não tínhamos um daqueles relacionamentos do tipo "ela é a minha melhor amiga" que parecem existir apenas nos comerciais de produtos de higiene feminina. Na verdade, tivemos vários desentendimentos no decorrer dos anos, mas durante sua doença fomos capazes de deixar tudo para trás e nos tornarmos unidas outra vez. O câncer faz isso.

Lá estava eu em seu funeral. Trajava a minha caríssima roupa de gestante e parecia bastante sofisticada. Eu era a personificação dos sonhos da minha mãe, uma mulher profissional prestes a ter o primeiro filho, prova de que as mulheres realmente podiam ter tudo.

Após umas poucas palavras iniciais, o sacerdote voltou-se para as diversas pessoas que haviam pedido para falar. Primeiro, um dos alunos dela falou sobre como minha mãe havia encorajado o seu amor pela ciência. Depois, foi lida uma carta de outra aluna, a respeito de como minha mãe a ajudara a combater o alcoolismo na sua adolescência. Ela escreveu sobre como minha mãe reconhecera seus problemas e convencera sua família a procurar orientação e aconselhamento. Um dos vizinhos falou sobre como mamãe havia desafiado os construtores de uma grande rodovia e os forçara a incluir trilhas naturais como parte do projeto. Ela reunira todos os vizinhos à sua causa e, dez anos depois, essas trilhas ainda estavam sendo desfrutadas diariamente.

Conforme a lista prosseguia mais e mais, comecei a me perguntar se eu não estaria no funeral errado! Aquela era a mesma mulher que perdia a cabeça quase todos os dias, gritando enquanto os filhos a ignoravam, a dona-de-casa descuidada que colocara um áspero carpete cor de laranja nos anos 1970 e o mantivera até os anos 1990 porque ele disfarçava as manchas, a mesma mulher que achava que *SPAM* picado por cima de feijões em lata podia passar por uma caçarola de forno? Com certeza essa não era a mulher que estava sendo elogiada com tanta eloqüência. Claro, eu sabia que ela era professora e estivera envolvida com algum grupo de cidadania, mas na verdade não era apenas minha mãe, no fim das contas?

No decorrer dos anos eu havia questionado quanto ela era boa nisso. Não éramos muito unidas, e houvera ocasiões em que eu havia tido certeza de que a odiava. No entanto lá estávamos, seus três filhos sentados na primeira fileira, cada um de nós uma pessoa bem-sucedida à sua própria maneira. Outros filhos da nossa vizinhança tinham tomado um rumo errado, aqui ou ali. Observando as outras famílias com quem eu crescera, dei-me conta de que havia pelo menos um "desgarrado" em cada uma delas. Mas não com os filhos dos Earle, estes estavam todos no rumo certo, sem que houvesse um fracassado entre nós. Tínhamos todos presumido que fosse pelo nosso próprio esforço, mas só então dei-me conta do denominador comum.

Além de nós havia dois filhos adotivos que minha mãe tomara aos seus cuidados por três anos, antes que essas crianças fossem encaminhadas para a adoção definitiva. Um deles agora estava na faculdade, e o outro, prestes a começar. A mãe adotiva falou carinhosamente sobre o tempo que eles passaram com nossa família, e quanto minha mãe os ajudara. Havia sido, ela disse, "um momento decisivo em suas vidas".

O encerramento da cerimônia foi feito por meu pai, quando disse: "Nas palavras daquela antiga canção *country*, você deixou a pilha de lenha maior do que a encontrou".

Enquanto eu observava essas pessoas prestarem seus tributos à minha mãe, pensei longamente sobre a diferença que ela fizera em suas vidas. Como professora, ativista comunitária, vizinha, esposa, mãe adotiva e, claro, como minha mãe. Ela não era perfeita, longe disso, e ainda assim, obviamente, desempenhara um papel importante na vida de todos que ali se encontravam. Todas as pessoas que falaram haviam considerado a sua influência *significativa*.

Comecei a pensar: como seria o meu próprio funeral? O que as pessoas diriam? Eu tinha certeza de que havia superado minha mãe em termos de realizações. Certamente eu fizera mais coisas em minha vida do que ela havia feito com a idade de 29 anos. Eu ganhava muito bem. Era a melhor vendedora em toda a história da minha empresa, sendo que o dinheiro, claro, era o instrumento de medida. Eu tinha uma bela casa, um casamento bem-sucedido, estava esperando um bebê, e logo estaria de volta ao trabalho, controlando tudo isso com a aparência de alguém num sofisticado anúncio de cigarros.

Enquanto relacionava todas as minhas orgulhosas realizações, fui novamente assombrada pelo pensamento: "Mas o que irão dizer?". Quem seria a pessoa que se levantaria para falar sobre como eu a ajudara num momento decisivo da sua vida? Meus clientes? Bem, eu era uma grande representante de vendas, mas sejamos realistas: eu vendia programas de treinamento, e não vacinas contra a pólio. Meus vizinhos? Verdade que o meu quintal era bem bonito atualmente, e tenho certeza de que todos eles apreciavam o fato de eu ter pesquisado as cores históricas antes de escolher as combinações que usaria na casa. Quem mais?

Meus amigos? Pensando bem, quantos amigos de verdade eu realmente tinha? Eu dava uma grande festa de Natal todos os anos, mas a quantas dessas pessoas eu era realmente importante? Será que todos em minha vida eram apenas "conhecidos"?

Lá estava eu, a profissional consumada, perfeitamente arrumada, a personificação de todos os sonhos que minha mãe tivera para mim, a prova viva de que o trabalho árduo que ela dedicara ao Movimento Feminino realmente valera a pena; no entanto, a somatória das minhas realizações até o presente parecia ser o elevado imposto de renda que eu pagava, o fato de ter um horário fixo no cabeleireiro para retocar as raízes, e a minha dieta de baixas calorias.

Era um bocado deprimente. Onde estavam as pessoas que prestariam tributos incandescentes sobre o grande impacto que tive em suas vidas? Nessa altura eu já estava me perguntando quem, se é que haveria alguém, se daria ao trabalho de comparecer ao meu funeral, e quanto mais ter algo a dizer. Talvez eu precisasse de um anjo, como Clarence no *It´s a Wonderful Life*, para mostrar-me o meu impacto, mas não conseguia imaginar quem poderia levantar-se e dizer: "Ah, que diferença ela fez para mim".

Esse foi o lampejo, o momento em que me dei conta de que as coisas não estavam certas. Eu não sabia muito bem o que estava errado. Fizera tudo o que deveria fazer; mas simplesmente não estava certo. Aquele breve instante de reflexão foi onde este livro se iniciou. Não foi um livro, a princípio, foi um lampejo, um momento "Que diabo estou fazendo com a minha vida?" que aconteceu na primeira fileira do salão da Funerária Robert J. Murphy, em Arlington, Virgínia. Evoluiu para um livro quando percebi que eu não era a única a debater-me em dificuldades.

Muitas de nós têm de passar por alguma grande tragédia para perceber o que realmente é importante. Espero poder lhe fornecer essa perspectiva sem que você tenha de sofrer. Desejo que você descubra *agora* o que muitas mulheres só descobriram depois de passar por eventos que alteraram sua vida, como mortes, filhos e outros. Um dos nossos objetivos, quando JoAnn e eu começamos este projeto, era fornecer a cada mulher um salto de dez anos em perspectiva. As coisas sempre ficam mais claras depois que passam, e quero lhes dar uma percepção "adiantada" que seja bastante clara e nítida.

Uma das outras coisas que espero que você obtenha deste livro é uma maior apreciação por si mesma e pelas outras mulheres. Provavelmente já está fazendo mais do que pensa, mas não há ninguém que saliente isso para você.

Enquanto pensava no funeral de minha mãe, e em quanto fiquei surpresa com o alcance das suas influências, percebi que ela também ficaria um bocado chocada com a cerimônia. Para mamãe, a vida provavelmente assemelhava-se a uma lista interminável de coisas a fazer, que ela jamais parecia capaz de completar. Duvido que ela tenha visto quanto significava para as pessoas, porque nunca se sentira próxima delas o bastante para perguntar. Imagino até se algum dia ela foi realmente feliz.

Todos nós desejamos que pudéssemos voltar no tempo, para as pessoas a quem perdemos e fazer as coisas de maneira diferente. Se eu pudesse entrar novamente na vida de minha mãe, não voltaria como sua filha. Voltaria como uma outra pessoa — uma amiga. É isso que suspeito de que ela e muitas outras mulheres realmente precisam. Você não merece alguém que a lembre de todas as maravilhosas opções de vida que já fez para salientar quanto você significou para as pessoas, para ajudá-la a descobrir para onde *você* deseja ir a partir de um determinado ponto? Todas nós precisamos dessa pessoa maravilhosa, que não quer nem precisa de nada de você, que escuta sem julgar e a ajuda a encontrar sua voz interior.

Quando penso naquele funeral e em todas as pessoas dizendo que diferença minha mãe fizera em suas vidas, posso ver como uma amiga assim teria feito diferença na vida dela; mamãe precisava de uma Clarence. Bem, não posso voltar no tempo e fazer isso por ela, portanto vou tentar fazer por você. Espero que possa ajudá-la a tornar-se essa amiga para si mesma e para os outros.

Por que eu?

Se eu e as outras mulheres que você vai conhecer neste livro temos nossa própria vida arrumada, é algo questionável, dependendo do dia em que você nos pergunta. Não somos organizadas, nunca conseguimos tempo para escrever os cartões de agradecimento, e eu, particularmente, considero a lata de atum a matéria-prima da dieta da minha família, mas outras dessas falhas pessoais serão discutidas mais adiante. É por isso que este livro não propõe ajudá-la a ser mais perfeita em qualquer coisa. Vamos deixar isso para Martha, para o dr. Spock, para as revistas femininas e para todas as outras pessoas que gostamos de exaltar como sendo padrão para tudo aquilo que não somos.

Uma amiga minha disse: "Todas as vezes em que olho para um livro de auto-ajuda, já me sinto cansada e atrasada". Bem, querida, este é o livro para você. Aqui não há rainhas da perfeição. Não quero lhe mostrar como fazer mais, como ser mais organizada, como elevar-se através das fileiras da América corporativa, ou planejar seus cardápio com uma semana de antecedência; o restante de nós já tentou tudo isso e, francamente, nos fez sentir um bocado deprimidas.

Estou cansada de ver as pessoas estabelecendo padrões impossíveis para nós; é por isso que muitas das minhas sugestões envolvem fazer MENOS, não mais. Aqui você não encontrará os seis passos que mudarão a sua vida nem um plano de automelhoria em um ano. Este livro conta uma história — uma história sobre o que realmente importa às mulheres; e o que é de fato importante para você provavelmente esteja na vida que já tem.

Você merece encontrar um pouco de alegria e felicidade em sua vida — a vida que está vivendo agora e aquela que virá. Você merece sentir-se significativa, saber que, não importa o que esteja fazendo com sua vida, ela ainda conta. Quero que você viva sua vida sabendo que em seu funeral todos estarão dizendo: "Ah, que diferença ela fez para mim".

CAPÍTULO UM

É Só Isso?

"Sinto que nada do que faço é bom o bastante. Não estou sendo uma mãe suficientemente boa, não estou fazendo tudo o que deveria fazer no trabalho, não estou sendo uma esposa tão boa quanto deveria. Para onde quer que eu me vire, estou sempre desapontando alguém."

— Kristine, 36 anos,
executiva de marketing e mãe de duas crianças pequenas.

IMAGEM PERFEITA

Quando era mais jovem, sempre tive uma imagem de como a vida seria depois que eu crescesse. Minha imagem envolvia viagens de negócios, pois por algum motivo isso representava o máximo do sucesso para mim. Se você é tão importante que as pessoas não conseguem viver sem o seu brilhantismo em outras cidades, então realmente deve ser alguém, certo?

Se você está pensando: "sobre o que essa mulher está falando?", saiba que eu nunca sonhei com uma carreira. Tudo o que desejava era a maternidade, a martirização, o que fosse — você pode preencher os espaços em branco. Se parar um minuto para pensar, aposto que também teve alguma imagem mental de como as coisas seriam perfeitas quando você crescesse. Tente lembrar-se dessa imagem e continue lendo.

Eis aqui como era a minha imagem: voando a jato de um lugar para outro, carregando uma valise caríssima, usando trajes de marcas famosas; eu teria a minha própria assistente, entraria em reuniões importantes, ganharia uma grana alta, e uma canção de Helen Reddy seria a trilha sonora dessa minha vida excitante.

Bem, quando eu tinha 29 anos era exatamente isso que estava fazendo, mais ou menos. Mas sentia que a minha canção-tema era "Trabalhando Numa Mina de Carvão". Onde estava a emoção? Onde estava o *glamour?* Onde estava Helen?

No que se refere às viagens excitantes, lembro-me de um incidente que pareceu resumir tudo de uma só vez. Meu táxi disparou para o aeroporto, dando-me apenas o tempo suficiente para despachar minha mala e pegar o vôo. Quando entreguei minha valise e uma gorjeta ao carregador, ele latiu: "Para que cidade?". Tive um branco. Sabia que o meu vôo era às 6:30, mas subitamente dei-me conta de que não fazia idéia de para onde estava indo. Como se isso não bastasse, eu nem mesmo sabia onde me encontrava naquele momento. Para descobrir, tive de verificar a minha passagem. Minha excitante carreira havia se transformado num borrão indistinto de aeroportos, táxis, escritórios e quartos de hotel.

Ah, eu estava *parecida* com a minha imagem, isso é certo, porém não deveria ser diferente daquilo? O que me incomodava mais do que o esgotamento físico daquilo tudo era a sua falta de significância. Eu havia pensado que me sentiria realmente importante, achara que iria fazer uma diferença... eu pensava que... seria feliz.

Pouco tempo depois desse incidente no aeroporto, decidi descobrir se o restante do mundo feminino estava lidando com a vida adulta de maneira melhor do que eu. Minha pesquisa totalmente não-científica consistia em conversas ao telefone tarde da noite com minhas amigas, conversas completamente não-profissionais com as minhas clientes, e uma amostragem ao acaso das mulheres que eu conhecera durante os vôos.

Comecei com um pequeno questionário. Responda-o, e veja como se sai. Ninguém vai checar as suas respostas, portanto seja honesta.

Quando eu era uma garotinha que sonhava com a idade adulta, esperava que a minha vida fosse:

A. Incluir um bocado de trabalho árduo e realmente difícil, para que eu tivesse prática em lidar com situações de elevado estresse, tendo apenas quatro horas de sono por noite.

B. Sentir-me tão fora de controle na maior parte do tempo que eu nem mesmo me lembro do que tinha em mente no começo.

C. Ter uma cota justa de problemas, que me capacitariam a demonstrar minha força e perseverança.

D. Ser pelo menos um pouco melhor do que minha mãe.

Quando me recordo desses sonhos de infância, penso que:

A. É impressionante como cada um deles tornou-se verdadeiro, exatamente da maneira que eu esperava que fosse.

B. Aqueles cartazes motivadores na sala de orientação educacional da escola realmente funcionaram.

C. É surpreendente o fato de eu ter conseguido fazer uma avaliação tão exata da maneira como o mundo funciona com tão pouca idade.

D. Eu devia estar vivendo na Terra do Lá-lá-lá.

No que a minha vida realmente se transformou é:

A. Labutar alegremente em minha casa de cerquinhas brancas, enquanto meus limpos e educados filhos saltitam de felicidade para encontrar o papai, quando ele aparece na calçada às cinco horas em ponto.

B. Dias de bombons e noites de caviar desde que fui completamente conquistada por um homem fabulosamente lindo e fabulosamente rico, que vive apenas para me fazer sorrir.

C. Um mundo altamente poderoso onde todas as grandes decisões são tomadas por mim e conduzido por uma torrente de subalternos ansiosos por cumprirem minhas ordens.

D. Nada nem perto das opções acima, apenas uma existência comum que inclui as mesmas frustrações diárias de todo mundo.

Meu relacionamento atual com o meu parceiro:

A. Uma conexão de almas gêmeas que preenche todas as minhas necessidades e desejos emocionais.

B. Uma paixão ardente que queima em fogo lento quando estamos separados e reacende-se todas as vezes em que olhamos um para o outro.

C. Assemelha-se a um grande e incessante primeiro encontro, repleto de diversão ilimitada, risos e romance.

D. É bastante comum na maior parte do tempo, exceto quando estamos brigando.

Meu trabalho é:

A. Um turbilhão de excitação e emoções, que eu realizaria sem nem mesmo precisar receber o excelente salário que ganho.

B. A realização do sonho de uma vida inteira, e melhor do que jamais poderia esperar.

C. Um meio de fazer uma contribuição duradoura à humanidade e que me preenche com uma sensação de propósito a cada minuto do dia.

D. Algo no qual eu caí, e continuo fazendo porque assim consigo pagar minhas contas e porque não tenho tempo nem energia para procurar outro.

Muitas das pessoas que encontro dentro e fora da minha comunidade:

A. Fazem um esforço especial para se afastar das suas ocupações e fazer que eu me sinta bem-vinda aonde quer que vá.

B. Trabalham arduamente ao meu lado a fim de conquistarmos nossos objetivos de vida compartilhados.

C. Preocupam-se profundamente comigo e com a minha família.

D. Nem se lembram do meu sobrenome.

Acho que passar o dia todo, todos os dias, com crianças pequenas pode ser:

A. Muito excitante, porque nunca se sabe o que essas gracinhas vão fazer em seguida.

B. Uma maneira relaxante de passar o tempo.

C. Um meio excelente de utilizar minhas habilidades criativas para resolver problemas.

D. Um pouco mais difícil e mais solitário do que imaginei que seria.

Em geral, acho que os homens são:

A. Meus semelhantes, intelectual e emocionalmente, com quem tenho muito em comum.

B. Extremamente atentos aos humores e sentimentos dos outros, e sempre ansiosos para falar sobre eles.

C. Sempre reparam nas coisas que precisam ser feitas pela casa, e então as fazem.

D. Necessários, de vez em quando.

Estou guardando a minha melhor roupa para:

A. O próximo Baile de Posse, quando planejo dançar o chá-chá-chá com o novo chefe.

B. Minha entrevista no programa *Today Show*, quando serei proclamada a dona-de-casa do ano.

C. O dia em que serei convidada a discursar na colação de grau de Harvard.

D. Por que diabo estou guardando esse negócio? Minha vida não vai ficar melhor do que isso!

Quando penso em minha casa, acho que é:

A. Um paraíso e um refúgio do mundo exterior.

B. Uma ousada declaração arquitetural, que reflete quem eu sou.

C. Um local agradável, onde posso receber graciosamente meus muitos amigos.

D. Uma enorme e tremenda bagunça, que sempre exige mais trabalho.

Meu amigos são pessoas:

A. Com quem converso quase diariamente a respeito do significado da vida.

B. Com quem vou a festas incríveis e danço a noite toda.

C. Que conheço há muitos anos e estão sempre disponíveis para ajudar-me em qualquer dificuldade.

D. De quem me lembro vagamente e espero encontrar muito em breve.

Minha situação financeira pessoal é:

A. O resultado de um plano muito bem pensado, que tenho seguido fielmente durante anos.

B. Proporciona-me uma vida de luxos e prazeres.

C. Uma base importante da minha vida que monitoro diariamente, dando-lhe o tempo, a atenção e a energia que merece.

D. Algo em que prefiro não pensar.

Na maioria das noites, quando vou me deitar, eu:

A. Sei que cumpri uma boa jornada de trabalho e que as outras pessoas valorizaram meus esforços.

B. Obtenho prazer em reviver os muitos momentos maravilhosos do meu dia.

C. Escrevo poesias para tranqüilizar minha alma.

D. Durmo com a tevê ligada.

Quando olho em retrospecto para os últimos poucos anos, eu:

A. Sinto-me 100% confiante de que fiz todas as escolhas certas e de que não mudaria nada.

B. Sinto-me muito feliz por tudo ter dado certo para mim, porque aproveitei bastante todas aquelas "oportunidades de crescimento".

C. Tenho aquela serena sensação de calma que advém de saber que cumpri meu destino como mulher.

D. Pergunto-me para onde diabo foi todo esse tempo.

Se outras pessoas olhassem a minha vida de perto, elas veriam:

A. Uma alma gentil e tranqüila, serena e satisfeita por saber que é tanto uma honra quanto um privilégio ser a mentora da sua família.

B. Uma pessoa segura e desafiadora que vive para o momento, sempre com muita adrenalina e ânsia pela vida.

C. Um espírito livre, capaz de entregar-se a todas as suas fantasias, prazeres e caprichos do momento.

D. Uma mulher tão esfrangalhada que é capaz de passar cinco quarteirões depois da entrada da sua casa antes de perceber o que fez.

A frase que melhor me descreve é:

A. Mãe Terra, deusa da natureza.

B. Comandante do Universo, controladora de tudo.

C. Princesa do Palácio, mimada e protegida.

D. Muito cansada.

Se a maioria das suas respostas foi D, você é: NORMAL.

Se a maioria das suas respostas foi A, B ou C, você é: CHATA.

Largue este livro imediatamente e comece a trabalhar pela paz mundial, pois é a única pessoa que conheço que tem tudo para isso. É óbvio que você nunca assistiu a televisão quando criança e, portanto, teve espectativas realistas sobre o que a vida lhe reservaria. E essas expectativas agora estão sendo plenamente realizadas pelo seu trabalho árduo, sua inteligência e sua atitude positiva. Rá, rá para você!

Quanto a todas as outras, bem, continuem lendo mais um pouco e vejam se isto aqui poderá ajudá-las a se sentir melhor com a vida que estão levando, ou talvez a ajeitar as coisas de maneira um pouco diferente de agora em diante. Espero que ler este livro as ajudem a se animar um pouco, uma vez que vão perceber que ninguém tem uma vida perfeita.

PROVAVELMENTE SOU SÓ EU

Você ainda está lendo, portanto devo crer que teve alguns D em sua lista, exatamente como todas as outras mulheres que já conheci. Ah, e quanto àquela mulher que exala a aura de auto-satisfação de alguém que faz todas as escolhas certas? Bem, eu nunca deparei com ela, exceto talvez num comercial sobre a menopausa.

Está interessada em saber o que algumas mulheres de verdade têm a dizer sobre as suas vidas? Bem, para começar, eu não fui a única a ficar um pouco desiludida com todos esses absurdos sobre o trabalho.

"Quem são essas mulheres que 'têm tudo'? Não sei onde elas encontram tempo. Tudo o que consigo fazer é manter a minha cabeça um pouco acima da superfície, no trabalho. Meu marido e eu viajamos tanto que ainda não conseguimos conciliar nossas agendas para conceber uma criança, quanto menos criar uma. Nada disso está saindo do jeito que eu imaginava que fosse."

— Donna, vice-presidente de um importante convênio de saúde

"Por toda a minha vida eu estava destinada a ser professora. Todos na minha família sempre diziam como eu 'tinha jeito' para isso. Agora, depois de dez anos numa sala de aula, sim-

plesmente odeio a minha profissão. Nem acredito que estou pensando em desistir. Como direi aos meus pais? Eles sempre tiveram muito orgulho da sua filha, a professora."

— Amanda, uma descontente professora de Dakota do Norte

"Eu achei que estava dando uma tremenda contribuição nos últimos dois anos, e agora que fui promovida descobri que o meu antigo cargo nem mesmo será preenchido, porque 'não é essencial à nossa missão central'. Ora, muito obrigada. Gostaria que alguém tivesse me avisado disso quando eu estava trabalhando durante todos aqueles fins de semana. O quê, exatamente, nós fazemos por aqui?"

— Tracy, uma gerente muito bem-remunerada de uma empresa listada na *Fortune 500*

Os relatos que chegam das frentes domésticas também não são nada róseos.

"Seria de pensar que eu teria mais tempo para mim, desde que estou em casa, mas nem mesmo me lembro quando foi a última vez que li um jornal. Ouço falar sobre 'as senhoras que almoçam juntas', mas não consigo organizar-me o suficiente para ligar para uma amiga, quanto menos para sair para um almoço."

— Jan, uma mãe em tempo integral de dois filhos, que diz que a sua nova carreira é a de motorista

"Eu sempre quis fazer parte de uma família unida e feliz, pois não tive uma assim em minha infância. Foi o que pensei que teria quando casei com essa turma. 'Unidos', isso eles são.

Minha sogra está sempre tão perto que chega a me sufocar. Se aquela mulher começar mais uma frase com 'O que você precisa fazer é...', não serei responsável pelos meus atos."

— Marilyn, que mora perto dos sogros

"Minha vida inteira é isso, cuidar de outras pessoas. Cuido de todos os detalhes para que a vida dos outros transcorra tranqüilamente. Bem, onde está o meu suporte? Eu me formei com louvor, e agora fico envergonhada de preencher o formulário dos ex-alunos da minha faculdade porque tenho de escrever 'dona-de-casa' no espaço para a profissão. Eu não estou casada com a casa."

— Ellen, depois de abandonar um emprego muito bem-remunerado, em vendas, para ficar em casa com os filhos

"A gente estabelece todas aquelas regras maravilhosas para a babá, sobre nada de tevê nem de vídeos, mas depois de estar meia hora em casa com eles eu me apanho perguntando se não querem assistir a alguma coisa. Agora, era esse tipo de mãe que esperei tantos anos para ser?"

— Ann, uma executiva que finalmente se tornou mãe, com a idade de 45 anos, adotando duas crianças

"Tudo o que eu sempre quis era ter filhos, mas nunca sonhei que fossem exigir tanto de mim. Talvez eu seja uma péssima mãe, ou algo assim, mas sempre que a agência oferece uma viagem, eu nem mesmo me importo que seja para Timbuktu, aceito na hora apenas para ter uma folga."

— Cindy, que trabalha em meio período numa agência de viagens e tem dois filhos

"Acho que eu deveria ter outro bebê, agora que meu primeiro filho está indo para a escola. Isto é, como posso me considerar uma mãe de tempo integral se não há filho algum em casa?"

— Allison, mãe de tempo integral de um único filho que começou o jardim-de-infância

"Outro dia a caixa do supermercado pediu o número do meu telefone no trabalho, e eu comecei a dar uma longa e elaborada explicação sobre como trabalhava antes, e que provavelmente voltaria em breve, que agora estou em casa, mas tudo bem, eu realmente faço muitas coisas e não fico apenas assistindo novelas à tarde, e blablablá. Tudo isso para uma garota de dezessete anos que nem sabia o que era um caqui."

— Shannon, depois de decidir ficar em casa com os filhos

E quanto aos homens em nossas vidas? Bem, como algumas amigas minhas vão lhe dizer, eles certamente não estão ajudando na situação.

"Sair para um encontro? Esqueça. Se alguém realmente me convidar, nem sei se vou entender a pergunta. Além disso, estou sempre cansada demais depois do trabalho para mais um round *de 'Ora, parece que o seu trabalho é muito interessante, fale mais sobre ele'. Prefiro mil vezes um bichinho de estimação."*

— Suzanne, ainda solteira aos 42 anos e cansada de ouvir as pessoas lhe perguntarem por quê

"Não sei de onde tirei essa idéia de que o casamento seria tão maravilhoso. Esta é a minha segunda tentativa e estou começando a pensar que não fui feita para isso."

— Adrian, contemplando o segundo divórcio

"Pensei que quando casasse eu teria um melhor amigo pelo resto da vida, mas agora me pergunto se de fato conhecemos um ao outro. Creio que é como dizem: nós somos de planetas diferentes. Será que alguém já provou realmente que havia vida inteligente em Marte?"

— Janice, depois de estar casada por 22 anos

JoAnn resumiu tudo isso muito bem depois do funeral da sua mãe, quando disse:

"Eu percebi que poderia morrer amanhã e nunca havia tido nenhuma diversão. Tudo o que já fiz na vida foi trabalhar. Trabalhar em casa, trabalhar no trabalho, trabalhar com meu filho, só trabalho!!!".

Não quero lhe dar a impressão de que todas as mulheres que conheço levam uma existência infernal e desgraçada. Um bom número delas tem boas coisas a dizer a respeito de filhos, empregos, maridos e tudo o mais. E umas poucas até mesmo me fazem lembrar daquelas mulheres irritantes que a gente vê em revistas e que falam sobre como utilizam algum sistema de gerenciamento de tempo e organizam seus remédios por ordem alfabética. Porém muitas e muitas vezes eu ouço: "Estou fazendo tudo o que deveria, então por que a minha vida não é o que imaginei que seria?".

Nesta altura, isso deveria ser bastante óbvio — não é só você. E aqui vai a parte boa — não apenas não é só você, mas...

Não é culpa sua!

Não sou psiquiatra, mas algo deve estar errado se cada uma de nós está convencida de que, em algum lugar, outra pessoa lida com as coisas de maneira melhor. A vida dela deve ser uma maravilha, certo? Nós não a conhecemos, mas temos certeza de que ela está lá, que existe. Bem, ela não está. E você sabe o que está errado com o restante de nós? Acredito que nos "empurraram" uma lista de compras em relação a toda essa história de perfeição. O mundo nos convenceu de que ser perfeito e fazer mais são os segredos de uma vida maravilhosa. Em algum ponto ao longo do caminho, nós "compramos" essa idéia de que toda a felicidade e as boas coisas da vida estão reservadas às pessoas perfeitas e que, até que nos tornemos uma delas, todos os nossos problemas são única e exclusivamente por nossa culpa!

Com certeza qualquer infelicidade que experimentamos provém do fato de que não somos organizadas, não lemos o bastante, não somos mães suficientemente dedicadas, não trabalhamos tanto quanto deveríamos, comemos demasiado açúcar refinado, não prestamos suficiente atenção, ou qualquer outra maldita coisa que esteja no teste deste mês da revista *Cosmo*.

Então, como se já não dificultássemos suficientemente as coisas nos comparando com as pessoas mais perfeitas que podemos encontrar, existe toda uma indústria de livros, vídeos e tudo o mais que se possa imaginar, salientando todos os possíveis aspectos das nossas inadequabilidades. Combinem-se a isso os conselhos não solicitados de estranhos e dos nossos próprios parentes (nem vou começar a falar sobre as famílias), e é de admirar que qualquer uma de nós ainda tenha forças para encarar mais um dia com as nossas ah-tão-grandes-imperfeições.

Claro, nós poderíamos ser todas perfeitas se ao menos conseguíssemos reunir as energias para completar a lista de "deveria". Vejamos, como é isso? Eu deveria trabalhar mais, deveria trabalhar menos, deveria passar mais tempo com as crianças, deveria estar contribuindo financeiramente com a minha família, deveria ser capaz de fazer mais coisas, já que estou em casa o dia todo, deveria ser mais organizada, deveria manter a casa mais arrumada, deveria passar mais tempo com meus pais, deveria fazer algum tipo de trabalho comunitário, realmente deveria cuidar melhor da dieta da minha família, deveria ser mais magra, e assim por diante.

Ah, e a lista dos "deveria" não inclui apenas as coisas que deveríamos estar fazendo agora mesmo, mas muitas de nós a expande a ponto de acrescentar todas as coisas que deveriam ter feito no passado. Eu descobri que não sou a única que gosto de retroceder no tempo e maltratar-me sobre como deveria ter feito algo de maneira diferente. Deveria, poderia, gostaria... você conhece este mantra.

Essa lista dos "deveria" tem mais de um quilômetro de extensão, e estamos convencidas de que a verdadeira felicidade vai descer sobre nós assim que ela estiver completada.

LAMPEJO

A perfeição não é o segredo da felicidade;
ela está no caminho da felicidade.

Sabe de uma coisa? Eu conversei com mulheres de verdade a respeito de quando elas foram mais felizes, e nenhuma delas nem mesmo mencionou qualquer coisa que envolvesse o fato de serem perfeitas. Em parte alguma eu ouvi: "Eu fui mais feliz quando minha casa estava mais limpa, quando trabalhei mais, quando fui mais organizada", ou qualquer outra versão de fazer as coisas de maneira melhor, ou de estarem mais bonitas, ou de serem mais boazinhas. Portanto parece que, além de aborrecer tanto a maioria de nós, a perfeição não é algo muito memorável em termos de experiências de vida, e tampouco torna a pessoa perfeita mais feliz. Isso é porque a perfeição se resume apenas em tentar alcançar alguma imagem que, nós pensamos, deveríamos estar lutando para obter. Não tem nada a ver com realmente desfrutar as coisas.

Então, de onde vinha a felicidade dessas mulheres? Não era de alimentar os famintos nem de ganhar na loteria. Provinha de algumas coisas bastante simples:

As mulheres são mais felizes quando sabem que são importantes, quando sabem que o que estão fazendo com o seu tempo conta para alguma coisa. Isso não precisa significar mudar o mundo. Nem mesmo precisa ser divertido, fácil ou muito bem remunerado; só precisa fazer alguma diferença para alguém.

Os outros momentos que as mulheres citam como os seus mais felizes são quando fazem parte de alguma coisa, quando estão conectadas a outras pessoas. Suas lembranças mais caras relacionam-se a fazer parte de um grupo que esteja interessado apenas e tão-somente no que elas são.

E, por fim, quando as mulheres falam sobre os melhores momentos de sua vida, estes não são aqueles em que elas estavam fazendo tudo. São aqueles quando elas puderam deixar todas as pressões de lado e simplesmente desfrutar o fato de fazer apenas uma coisa, por um momento.

Nós temos nos colocado em último lugar nas nossas próprias listas de prioridades. E merecemos mais do que isso.

CAPÍTULO DOIS

A Perfeição

"Não consigo ir me deitar à noite antes de ter terminado tudo. Nem adianta tentar, porque sou incapaz de dormir antes que tudo esteja feito."

— Myra, 44 anos, autônoma e mãe de duas jovens universitárias.

A RAINHA DA PERFEIÇÃO

Quando penso em alguém que seja a perfeita mãe, profissional, anfitriã, dona-de-casa, ou seja lá o que for, minha primeira reação é:

A. Você pode imaginar como ela deve ser estressada por tentar manter essa fachada toda?

B. Pobrezinha, é uma pena que ela não consiga desfrutar as boas coisas da vida.

C. Fico contente por minha família não precisar conviver com uma tal retentora anal.

D. Comparar-me com ela e ficar deprimida, porque não consigo chegar nem perto disso.

Alguns anos atrás eu tive uma experiência que me levou a questionar pela primeira vez toda essa história de perfeição. Foi também uma das primeiras vezes que trabalhei com JoAnn.

Eu havia vendido meu primeiro programa de treinamento para a empresa dela, e nós passamos a semana na Costa Oeste, observando as sessões. Até então eu me sentira razoavelmente intimidada por JoAnn. Lá estava ela, uma poderosa vice-presidente, todos os seus subordinados sempre falando quanto ela era inteligente, e durante aquela semana descobri que JoAnn era casada e tinha um filho no colegial que só tirava as notas máximas. Não é necessário dizer que, para mim, ela parecia uma dessas mulheres que conseguem dar conta de tudo e fazem com que o restante de nós se sinta um lixo. No decorrer da semana testemunhei um desfile de jóias maravilhosas e, pelo que pude perceber, acima de tudo isso, ela era uma ótima pessoa!

Eu era uma jovem representante de vendas — na época em que pensava que a juventude fosse algo ruim — que trabalhava para uma nova e pequena empresa e tentava convencer JoAnn de que ela deveria ficar conosco, em vez de continuar com a empresa bem-estabelecida que utilizava até então. Apenas recentemente eu fora promovida a uma pasta inteira de couro, portanto me sentia totalmente como um peixe fora d'água.

No entanto eu tinha um plano de retaguarda: iria apresentá-la a nossa treinadora, Charlotte* Ela estava mais próxima da idade de JoAnn, tinha muito mais experiência do que eu e, francamente, achava-a perfeita. Charlotte nunca falava uma palavra desagradável, nunca tinha um fio de cabelo fora do lugar, nunca estava atrasada ou despreparada. Trabalhava como treinadora, com um

---

* O nome foi mudado para proteger os semi-inocentes.

excelente salário, apenas seis ou oito dias por mês, portanto podia dedicar o restante do seu tempo a ser uma mãe presente e devotada e, pelo que eu sabia, costurando as roupas de todos os integrantes da peça da escola. Certa vez me disse que sempre se certificava de ter vários pratos prontos no *freezer*, para que a sua família pudesse esquentar em poucos minutos no caso de ela se atrasar. Dessa forma, a família sempre teria uma refeição balanceada no horário certo. Se pratos prontos no *freezer* não representam uma pessoa perfeita, então não sei o que mais será. Charlotte era uma mãe perfeita mesmo quando não estava em casa. E eu achava que ela e JoAnn tinham sido feitas uma para a outra.

Vou poupá-la da parte tediosa dos trabalhos no decorrer daquela semana — tudo correu bem. Charlotte fez a sua parte e todos a adoraram, como sempre. Desfilou com as *suas* próprias jóias maravilhosas, encantou os *trainees* com seu brilhantismo, e foi perfeita como sempre.

Nós estávamos hospedadas no mesmo hotel, por isso à noite íamos jantar juntas. Como eu calculara, JoAnn e Charlotte tinham muito em comum e mantinham conversas bastante agradáveis. Lembro-me de ter pensado: *Um dia eu serei como elas.*

No final da semana JoAnn e eu ficamos sabendo que íríamos embora no mesmo vôo, e trocamos nossas passagens para que pudéssemos sentar juntas. Agora não havia mais onde me esconder; ela iria descobrir que eu não era tudo o que havia fingido ser. Eu conseguia disfarçar e agir de maneira sofisticada por um período de quinze minutos e fazer um ou dois comentários inteligentes durante o jantar, mas aquele era um vôo de quatro horas, sem filme!

Sem saber a respeito do que conversar, comecei a falar sobre Charlotte, com quem eu tinha certeza de que ela se dera bem. Afinal, as pessoas perfeitas adoram a companhia umas das outras, não é? JoAnn disse: "Ah, Charlotte é uma ótima pessoa e fez um bom trabalho esta semana, mas estou contente por ela não estar viajando conosco". Aí vem, eu pensei... JoAnn queria estar sozinha comigo para falar-me sobre os motivos por que não poderia contratar a nossa empresa. Colando no rosto o meu melhor sorriso de representante de vendas, enquanto via a minha comissão indo para o ralo, eu perguntei: "Ah, e por que você está contente?". "Bem", ela respondeu, "se Charlotte estivesse neste vôo, eu não teria trocado de lugar para sentar perto dela, simplesmente teria deixado que ela passasse por mim e fosse para o seu assento. Charlotte é perfeita demais para o meu gosto. Quem é que tem paciência de passar quatro horas em companhia de uma pessoa assim?".

Meu queixo caiu quase até a mesinha. Olhei para JoAnn, atônita, e acho que por um momento ela chegou a pensar que eu estava tendo algum tipo de ataque.

LAMPEJO

Tentar ser perfeita não fará que as pessoas gostem mais de você; fará que gostem menos.

Eu achava que quanto mais perto chegasse da perfeição, melhor minha vida ficaria. **ERRADO!** A perfeição não apenas exige muito trabalho e é impossível de conquistar como também a transforma numa pessoa totalmente solitária, porque quanto mais perto você chega, menos as pessoas irão apreciá-la. Não importa o que você esteja tentando aperfeiçoar — seu trabalho, os cuidados com seus filhos, sua casa, seu corpo, seus dotes culinários ou, Deus me livre, todas as opções acima. O princípio é o mesmo: Ninguém deseja estar por perto da perfeição — ou de você.

Claro que as pessoas podem invejá-la, mas também vão falar de você pelas costas, comentando com seus amigos normais todas as vezes que perceberem uma pequena rachadura em sua armadura. Agora, quando penso em Charlotte, dou-me conta de que não queria ser em nada como ela. Na verdade, o simples fato de estar perto dela fazia-me pensar menos de mim. Que tipo de sentimento eu gostaria de provocar nas pessoas — irritação, uma sensação de inferioridade e desagrado consigo mesmas?

O que eu diria se Charlotte morresse? Eu me sentiria mal, claro, mas pode ter certeza de que não correria para o funeral e nem faria um discurso emocionado. Provavelmente enviaria à família um gentil cartãozinho de pêsames, dizendo que profissional dedicada e batalhadora ela era, mas só isso! Um bocado patético, quando a gente pensa que é bem provável que ela tenha trabalhado dia e noite para atingir tal grau de perfeição, esperando que as pessoas que a rodeavam valorizassem seus esforços. Tudo o que eu conseguia sentir por ela era irritação.

Você pode achar que eu dei um passo imenso aqui, baseando-me num único incidente, mas não penso assim. Considere as seguintes situações:

1. Ao descer num posto de gasolina, você percebe que esqueceu as chaves dentro do carro e as portas estão travadas. Está sem maquiagem e usando um moletom velho. Quem preferia que passasse e a visse assim?

   - Sua ex-vizinha, aquela que estava com a blusa suja de vômito de bebê todas as vezes em que a encontrava.

   Ou

   - A ex-namorada de seu marido, a caminho do clube de campo.

2. Todos em seu escritório têm de comparecer a uma reunião num local que fica a duas horas de distância. Com quem você prefere dividir o carro?
   - Com a ganhadora do prêmio de atendimento perfeito no ano passado.

   Ou

   - Com a mulher que foi apanhada fazendo uma imitação do chefe na festa de Natal do escritório.

3. Um de seus filhos está tendo um ataque de gritos na fila da caixa do supermercado. Quem você prefere que esteja atrás de você na fila?
   - A mulher cujo filho acabou de "pular" uma série na escola.

   Ou

   - A mãe do pirralho que mordia todas as crianças na pré-escola.

4. Você está de férias e de repente se lembra de que deixou o cobertor elétrico ligado, amontoado nos pés da cama. Para qual vizinha prefere ligar e pedir que entre em seu quarto para desligá-lo?
   - Aquela cuja casa foi fotografada por uma revista de decoração.

   Ou

   - Aquela que usa a sala de jantar formal para separar a roupa lavada.

5. Seu marido acabou de lhe informar que é melhor você convidar uma amiga para acompanhá-la àquela exposição de antiguidades, porque ele quer assistir a um importante jogo de futebol. Quem você convida?
   - Sua ex-companheira de quarto da faculdade, que atualmente dirige uma empresa de comunicações junto com o marido.

   Ou

   - Sua colega de trabalho que lhe disse que a amante do marido dela é um controle-remoto chamado Sony.

Você já entendeu. Eu disse que este livro trata de se fazer menos, e não mais, portanto a primeira coisa que vou lhe pedir para fazer é desistir realmente de alguma coisa.

Desista de ser a falsa você

Sabe o que quero dizer, aquela pessoa que você acha que deveria ser. A pressão sob a qual nos colocamos para manter a nossa imagem perfeita é de fato impressionante. Uma das mulheres que entrevistei me disse:

> *"Eu me sinto como se tivesse me dividido em pequenos compartimentos, e posso abri-los apenas um de cada vez, dependendo da pessoa com quem estou".*

Isso é que é ser verdadeira consigo mesma! Como essa pobre mulher é capaz de ser ela mesma, se o tempo todo está tentando corresponder às expectativas de outras pessoas? Tudo o que posso dizer é que não sei como ela conseguia. Eu não consigo ser esperta o suficiente para lembrar-me de qual papel deveria desempenhar, e quando. Muito menos ter a energia para desempenhá-los. Além disso, não é algo disfuncional transformar-se numa mulher diferente em cada situação em que se encontra?

Não estou dizendo que deveríamos todas começar a ir para o *shopping* usando apenas roupas de baixo, mas essa história de imagem já foi longe demais. É algo exaustivo e, francamente, a maioria de nós não acha tampouco muito cativante. Seja você mesma. Admita que algo está errado com você. Não sei o que pode ser, mas há alguma coisa. Admitir vai funcionar mais do que você é capaz de acreditar.

Foi isso que a minha amiga Jennie descobriu. Antes de lhe contar o que aconteceu com ela, preciso dizer como ela era anteriormente. "Perfeita" seria pouco para descrever Jennie. Quando a conheci, tinha trinta anos, era absolutamente linda, possuía um excelente emprego e estava casada com um executivo de um banco. Conheci-a porque ela trabalhava para um dos meus maiores clientes. Jennie era gerente de vendas, sempre no topo, todos os seus subordinados sabiam que ela era simplesmente perfeita e, pelo que eu saiba, nunca em toda a sua vida esteve despreparada para qualquer coisa.

O que era ainda mais deprimente, a aparência de Jennie era tal que pessoas estranhas realmente se aproximavam dela no aeroporto para lhe perguntar onde havia cortado os cabelos. No que se refere ao seu guarda-roupa, eu nunca vi ninguém que soubesse combinar tanto as peças. Estava perfeita em qualquer ocasião, nunca vestida demais nem de menos. É o tipo de mulher que consegue fazer milagres com um simples echarpe. De alguma forma, apesar de todas essas características irritantes, passei a gostar muito dela e ficamos amigas.

Então o impensável aconteceu, e Jennie ficou doente. Não ficou apenas doente, ela estava com câncer. Para piorar ainda mais as coisas, um fato ignorado por todos os seus amigos, a vida pessoal de Jennie dera uma virada dramática poucas semanas antes. Parecia que o seu casamento perfeito não era tão perfeito quanto todos pensavam. Depois de muitas deliberações, Jennie chegara à conclusão de que havia feito a escolha errada dez anos antes e estava pronta para desfazê-la. Pedira o divórcio ao marido.

Divórcio e câncer, estas duas notícias atingiram os circuitos de fofocas da empresa ao mesmo tempo. Foi assim que Jennie me descreveu: "Lisa, eu não conseguia acreditar. Tinha medo de que todos estivessem cochichando sobre mim pelas minhas costas. Mas, em vez disso, havia uma fila de pessoas diante da porta do meu escritório, esperando para falar comigo. Nem acreditei ao ver quanto as pessoas se abriram para mim, depois que descobriram que eu também tinha problemas. Isso só me mostrou que todo mundo tem alguma coisa e, quando sabem que você também tem, as pessoas começam a considerá-la uma amiga de verdade".

Fico feliz em dizer que o câncer de Jennie está em remissão e que ela manteve aqueles amigos verdadeiros que encontrou quando estava doente. Continua linda e faz um excelente trabalho, mas agora é uma pessoa real. Uma vez que todos descobriram que Jennie era humana, deixaram de apenas trabalhar com ela e passaram a realmente conhecê-la. Espero que a sua "alguma coisa" não seja tão grave quanto a dela, mas seja lá o que for, encare-a de frente. Até mesmo o fato de revelar os detalhes que não são perfeitos em sua vida vai torná-la uma pessoa mais acessível.

Outro dia eu estava lendo uma matéria sobre a ex-governanta de Katie Couric. Desde que não era mais empregada de Katie, a mulher achou que não haveria problema em botar a boca no mundo e tornar públicos todos os pormenores da vida secreta de Katie. A soma total dos seus saborosos fuxicos é que, às vezes, nos fins de semana, Katie passa o dia todo sem tomar banho e bebe leite direto da caixa, parada na frente da geladeira.

Eu sempre gostei de Katie, mas depois de saber disso passei a adorá-la. Ela é uma de nós. A pobre Katie tem de se levantar a Deus sabe que horas para estar diante das câmeras completamente maquiada e arrumada, de manhã bem cedo, e todos sabemos que tem dois filhos. Ela própria já revelou, em seu programa, que conhece, em primeira-mão, a tortura de tentar tirar a chupeta de uma criança de dois anos. E a pior coisa que a ex-governanta teve a dizer sobre ela é que gosta de ficar o dia inteiro de moletom nos fins de semana! Não sei se alguém não gosta dela, mas depois de ler essa matéria senti que Katie era a minha alma gêmea.

O fato de Katie demonstrar o seu verdadeiro "eu" explica por que todos se sentiram genuinamente tristes por ela quando perdeu o marido. O que me faz lembrar de uma outra celebridade dos programas matinais de tevê, que por muito tempo nos submeteu a ela e à sua perfeição familiar (crianças parecendo querubins e um álbum de Natal eram demais para a maioria de nós). Bem, quando ela passou por uma crise no casamento, de natureza diferente, poucos anos atrás, não provocou a mesma reação. Em vez de solidariedade, era mais provável que houvesse risinhos reprimidos. Na verdade, pelo que me lembro, tal rachadura na armadura obteve mais cobertura dos tablóides do que os alienígenas do espaço. Está explicado.

Portanto, se você bebe leite direto da caixa, ou seu marido perdeu o emprego, admita e junte-se ao restante de nós. Não estou dizendo que você deve ficar choramingando pelos cantos, isso só serviria para que seus amigos debandassem na mesma hora. Estou falando sobre ser você mesma, bem-humorada e disposta. Creio que você descobrirá que isso exige muito menos energia do que viver de acordo com qualquer imagem que esteja tentando criar para si mesma.

AFINAL, QUEM COMEÇOU ESSE NEGÓCIO?

Quando era uma garotinha que sonhava com o meu futuro, eu:

A. Encarava a vida de pessoas reais como modelos de comportamento.

B. Analisava completamente todas as opções abertas para mim, pesando os prós e os contras de cada uma delas.

C. Sabia que eventos e contratempos inesperados teriam uma grande influência nele.

D. Criava, com as minhas amigas, pequenas fantasias que de maneira alguma tinham qualquer base na realidade.

Talvez você seja mais adaptável do que eu, mas acho muito difícil aceitar quando as coisas não saem conforme foram planejadas. Não suporto quando tenho algo perfeito e todo planejado, e então a realidade se apresenta e estraga tudo.

Minha carreira com certeza recai nessa categoria. Ela estava provando ser muito mais enfadonha e cansativa, e muito menos excitante, do que eu havia esperado. Enfadonha tinha sido a vida da minha mãe e de outras mulheres, não seria a minha. Minha vida seria diferente. Eu não teria apenas um emprego, teria uma carreira. As carreiras devem ser divertidas, não é?

LAMPEJO

É por isso que se chama trabalho e as pessoas lhe pagam para fazer. Se fosse diversão e emoção intermináveis, você pagaria e se chamaria Disneylândia.

Por que eu estava tão surpresa? De onde havia tirado essa idéia de que o trabalho seria maravilhoso? Que mulher eu conhecia que de fato tinha o tipo de carreira com a qual eu sonhava? Outro lampejo... não conhecia nenhuma mulher adulta que tivesse o tipo de vida com que eu sonhava. Então, de onde tirei essa imagem?

Teria sido o Movimento Feminino, minha mãe, a faculdade ou uma orientadora educacional bem-intencionada? Tenho certeza de que tudo isso desempenhou um papel na moldagem das minhas grandes ambições, mas de onde vieram as imagens tão nítidas? Eu devia envergonhar-me de admitir isso, mas acho que tal imagem realmente surgiu por meio da televisão.

Eu cresci na década de 1970, e para mim a televisão era uma realidade. Até hoje acredito se dizem que o filme foi "baseado num fato real", que a mulher que perdeu o bebê numa tempestade de neve era exatamente igual a Valerie Bertanelli.

Lembro-me de assistir ao programa *Mary Tyler Moore* quando era menina. Mary tinha uma vida e tanto, não acham? Ela trabalhava numa estação de tevê, estava sempre saindo para encontros excitantes e tinha um apartamento lindo. Mary era tudo o que minha mãe e as outras mulheres que eu conhecia não eram. Mary era divertida! Eu iria ser Mary Richards.

Pensando em retrospecto, agora percebo que a boa e velha Mary tinha uma escrivaninha de metal no meio da sala de redação, era obrigada a chamar o patrão de "Sr. Grant", e corria para o escritório dele no instante em que ele a chamava pelo interfone. Quanto ao lindo apartamento, era alugado, e ela dormia no sofá-cama na sala. Acho que as melhores coisas que Mary tinha para si eram os muitos encontros e um guarda-roupa sensacional. É de admirar que eu a achasse tão maravilhosa, com a idade de doze anos?

Misture a minha boa amiga Mary com uns poucos episódios de *Dinastia*, *Dallas*, *One Day at a Time*, e algumas novelas variadas, e eis aí a base para o meu rumo de carreira. Eu baseei minha vida na televisão, e depois fiquei chocada quando nada deu certo na vida real. Vá entender!

Conversei com JoAnn a respeito das minhas agruras na carreira, e a primeira reação dela foi: "Mas é claro que é difícil, é trabalho. O que você esperava, diversão?".

Por que ela aprendera essa lição e eu não? Os antecedentes dela deram-me uma pista. JoAnn talvez tenha sido a boa menininha quando estava crescendo na maravilhosa década de 1950, mas ela me contou alguns pequenos segredos a respeito dessa época grandiosa e gloriosa nos Estados Unidos.

Ao contrário da crença popular, muitas mulheres trabalhavam, mesmo então, e a mãe de JoAnn era uma delas. Seus pais tinham um restaurante nos limites da cidade. Pelo que ela me descreveu, era um desses lugares de comida rápida e muita fritura, que costumava lotar nos horários de mudança de turno da fábrica local. Ficava aberto para almoço e jantar, o que significava que seus pais trabalhavam muito o dia todo, desde de manhã bem cedo até tarde da noite.

O trabalho não era uma diversão para seus pais. Era só trabalho árduo. Quando ela própria começou a dar duro no trabalho, JoAnn não ficou surpresa. Havia visto aquela imagem bem de perto, por toda sua vida. Não tivera uma caixa com tela mostrando-lhe uma vida diferente.

LAMPEJO

A imagem perfeita em sua mente nunca inclui as partes mais difíceis.

Eu não conhecia nenhuma mulher real com o tipo de carreira com a qual sonhava. Todas as que conhecia eram mães.

Pensando bem, a surpresa mais agradável na minha vida foi descobrir quanto é divertido e estimulante ser mãe. Eu imaginava que a maternidade seria apenas trabalho duro, monotonia e nenhuma diversão. Por quê? Como a mais velha de quatro filhos, eu testemunhara tudo isso em primeira mão: as noites em claro, a choradeira, as contas, as dores de ouvido, o leva-e-traz de carro, a bagunça. Lembra-se do carpete cor de laranja? Era isso que eu esperava, e, como todas as mães sabem, foi o que obtive. Mas não foi essa a surpresa.

A surpresa foi quando o bebê dormia a noite toda, quando havia dinheiro para pagar as contas, quando meu marido realmente colaborava — e a maior surpresa de todas foi descobrir que era divertido. Nunca, nem nos meus sonhos mais loucos, esperara que fosse divertido. Achava que podia ser uma realização, algo recompensador, mas divertido? Nunca. Simplesmente era o que eu deveria fazer.

Quem achou que a maternidade era mais trabalho e menos diversão do que ela imaginara? JoAnn. Seus pais já não eram tão jovens quando ela nasceu, e estavam sempre tão ocupados, cuidando do restaurante, que não tinham muito tempo para a filha. Tinham outros dois filhos mais velhos, e JoAnn suspeita ter sido uma surpresa na meia-idade dos pais. O resultado foi que, embora tivesse a mãe, JoAnn passou pouco tempo observando a maternidade em primeira mão. Mas, espere, havia algumas famílias com quem ela passava o tempo. Quem eram? Os Cleaver, os Nelson e os Anderson. Até hoje JoAnn diz que sempre que passa o aspirador não consegue afastar a impressão de que deveria estar usando sapatos de salto alto e um colar de pérolas, para fazer direito.

Não vou iniciar aqui um grande debate contra a televisão. Meus filhos ultrapassam o limite de trinta minutos o tempo todo, portanto não sou a pessoa mais indicada para fazê-lo. É mais do que apenas a televisão. São as imagens pouco realistas que deixamos entrar em nossas mentes, sobre a maneira como as coisas deveriam ser. É o fato de nunca vermos as coisas de perto, no dia-a-dia, de verdade.

Ou talvez as vejamos, mas simplesmente não pensamos que se apliquem a nós. Minha amiga Tracy diz:

> *"Quando eu era criança, minha mãe era obrigada a cuidar de tudo, pois meu pai estava sempre trabalhando. Ele nunca saía de férias conosco. Minha mãe estava sempre cansada e frustrada, por isso eu tinha certeza de que não queria ter uma vida como a dela. Portanto, em vez disso, acabei passando todo o meu tempo no trabalho, exatamente como meu pai fazia. Nem por um minuto eu pensei que, rejeitando a vida dela, estava aceitando a dele. De alguma forma, quando ele se arrastava para casa cansado demais até para falar, eu nunca fiz a conexão de que um dia seria assim".*

Ela viu, mas simplesmente ignorou. Creio que não fui a única a arquitetar os planos na Terra do La-la-lá. E não é como se todos estivessem por aí alardeando os detalhes desagradáveis e os casos "por trás das cortinas". A vida de muitas pessoas parece perfeita, quando se vê apenas um pedaço dela. Diabo, a minha parece ótima.

Se eu nunca lhe contasse, talvez você jamais soubesse que o meu telefone já foi cortado duas vezes porque perdi as contas. Sabe como as perdi? As duas vezes aconteceram em dezembro, quando eu estava dando uma grande festa. A fim de exibir a fachada perfeita que era tão importante para mim naquela época, juntei toda a papelada que mantínhamos permanentemente no balcão da cozinha e guardei-a em algum lugar. Algum lugar realmente seguro, que até hoje não sei onde foi. A companhia telefônica, sendo uma das mais agressivas no que se refere à cobrança de taxas, tomou a iniciativa primeiro.

Ali estava eu em minha casa perfeita, parecendo um modelo de organização, quando na realidade não só tinha perdido diversas contas como também era tão desorganizada que nem mesmo havia reparado nisso, até o momento em que o telefone ficou mudo.

Na próxima vez em que você olhar para a imagenzinha de alguém, lembre-se, esta é apenas a parte que a pessoa permite que você veja. Não importa se seja no trabalho, nos cuidados com a família ou numa festa estúpida; a imagem total sempre inclui uma parte difícil.

Quanto a JoAnn, ela foi e continua sendo uma excelente mãe. Conheço o filho dela, e mesmo sem que ela saiba que estou incluindo isto aqui, vou lhe dizer, ele é ótimo. Não perfeito, veja bem, mas ótimo. Não é tanto o que JoAnn fez ou deixou de fazer, ou mesmo como ela fez. Trata-se de como ela se sente a respeito disso. JoAnn disse-me que tem bem poucos arrependimentos quanto a maternidade; eu gostaria de ter a mesma sorte. Mas ela descobriu algo muito importante:

> *"Se eu tivesse de fazer tudo outra vez, a única coisa que faria diferente seria aproveitar mais. Eu estava me esforçando tanto para ser perfeita que não consegui me divertir com isso".*

Eu já disse que não quero lhe dar mais trabalho, e não o farei. Só quero que você aproveite mais as coisas. Portanto esqueça a imagem. Não sei onde você a obteve, ou como ela é, mas aposto que não é nada que você tenha visto logo "de cara". Se acha que sim, verifique outra vez. Tem certeza de que viu tudo mesmo ou está apenas se lembrando das partes que gostou?

Uma vez que JoAnn conversou com outras mães e deu-se conta de que June e Ward eram atores que recebiam o pagamento nas sextas-feiras, como todos nós, ela começou a exigir menos de si mesma. Quanto a mim, depois de admitir a mim mesma, de uma vez por todas, que trabalho era trabalho, e que eu jamais iria comprar a Ewing Oil, pude relaxar e desfrutar as melhores partes com senso de humor.

Um dos meios que nos capacitou a esquecer a imagem perfeita foi conversar com mulheres de verdade sobre a sua vida verdadeira. Este é outro motivo porque eu gostaria que você se abrisse e desistisse de ser a "falsa você". Isso dará ao restante de nós permissão para fazer o mesmo. Veja bem, quando estamos todas exibindo nossos falsos "eus", estamos apenas do lado de fora, olhando para dentro. Não estamos demonstrando — nem vendo — o quadro mais amplo.

Se você tem comparado sua vida com modelos pouco representativos que viu em outras pessoas, ou em programas de tevê de trinta minutos que demoram uma semana para ser gravados, ou em alguma fantasia que criou para si mesma quando a vida dos seus pais não parecia tão boa assim — DESISTA.

Pare de se maltratar cada vez que o seu mundo não se ajusta à imagem que você tem na cabeça. Essas imagens nunca incluem as partes mais difíceis, portanto usá-las como referência vai distorcer toda a sua percepção. Aceite o fato de que a realidade insistirá em mostrar a sua cara feia regularmente. Reconheça-a pelo que ela é — a vida real. Não se trata de nenhum fracasso pessoal da sua parte.

Ninguém jamais conseguiu desfrutar alguma coisa quando tinha uma imagem perfeita na mente, de algo melhor.

"VOCÊ REALMENTE DEVERIA..."

Quando recebo conselhos de outra pessoa sobre o que deveria estar fazendo, eu:

A. Nem presto atenção, porque sei que a sociedade coloca muita pressão sobre as mulheres.

B. Percebo que estão apenas tentando demonstrar seus conhecimentos ao oferecer-me conselhos.

C. Fico grata por estarem resolvendo as coisas para que eu não precise perder meu tempo pensando em questões tão mundanas.

D. Reconheço que devo ser mesmo uma droga, se as outras pessoas conseguem detectar tantas das minhas incapacidades pessoais.

Talvez eu a tenha convencido a relaxar um pouco, mas não conte com o resto do mundo para lhe dar uma folga. Em todos os lugares para onde nos virarmos haverá alguém nos dando conselhos sobre como ser ou fazer melhor. Seja nos programas femininos da tevê, seja no mais recente livro sobre educação infantil, ou numa propaganda de adoçante, em todos os lugares para onde olhamos existe mais um exemplo de como estamos falhando.

Somos bombardeadas por uma diversidade estonteante de sugestões úteis sobre como podemos melhorar. Faça isso. Faça aquilo. Quanto mais coisas você fizer num dia, melhor. Não seja preguiçosa, planeje bem o dia e você conseguirá realizar tudo. O mundo é todo seu, você é capaz de ser tudo o que quiser... mãe, esposa, ou equilibrista num circo de três picadeiros.

Nós já ouvimos de tudo, desde como desenvolver uma missão familiar, como preparar os pratos e deixá-los congelados com um mês de antecedência, até deixar um cestinho perto do lugar onde abrimos a correspondência. De minha parte, eu sei que se ouvir mais um especialista dizendo que acordar uma hora mais cedo é uma eficiente estratégia de gerenciamento de tempo, começo a gritar. Atravessar a vida como um zumbi e envelhecer prematuramente por falta de sono não é a minha idéia de ser melhor.

LAMPEJO

Isto aqui é para ser a vida, e não uma corrida de obstáculos.

Muitas mulheres que conheço estão se saindo tremendamente bem. No entanto, o resto do mundo se sente compelido a destacar cada possível aspecto das nossas impropriedades, e depois passa a nos dizer o que temos de fazer a respeito. Se você tem sido capaz de evitar essa tendência, tudo o que posso dizer é que, ou é mais evoluída do que todas nós ou tem vivido embaixo de uma rocha.

Eis o que diz a minha amiga Donna:

"É quase como se eu tivesse aquele antigo refrão do Exército dentro da minha cabeça. Você sabe, 'Seja tudo o que pode ser'. Já ouvi falarem sobre a melhor maneira de se fazer tudo, portanto cada vez que relaxo um pouco em alguma coisa, começo a achar que sou preguiçosa. Se há mais coisas a fazer, eu deveria estar fazendo".

Ela tem o refrão do Exército impelindo-a, mas você se lembra daquela propaganda com a mulher que podia "levar o bacon para casa, fritá-lo numa frigideira e nunca deixá-lo esquecer de que é um homem", tudo isso num período de 24 horas? Bem, eu não faço tudo isso em 24 horas, apenas passo os meus dias tendo outras pessoas me dizendo o que deveria fazer. Veja esta ladainha de conselhos que realmente me foi oferecida no breve período de um dia:

7:30

"Se a senhora tirasse um tempo para calafetar estas janelas todos os anos, nunca mais teria este problema. A senhora deveria fazer da sua casa uma prioridade. É o seu maior investimento; a senhora tem obrigação de cuidar bem dela."

— Gritado de cima de uma escada pelo homem que estava consertando as esquadrias de madeira apodrecidas das minhas janelas.

10:30

"Pense mais em si mesma e tire um tempo para se exercitar todos os dias, e você vai se sentir muito melhor. A sua saúde

deveria ser uma das suas maiores prioridades. Se não tiver saúde, você não tem nada."

— De um bilhete enviado pelo instrutor da academia de ginástica, querendo saber por onde eu tenho andado.

12:15

"Se você separar meia hora, todas as noites, para monitorar as tarefas dela, fará uma grande diferença. A educação dos seus filhos é a coisa mais importante que existe."

— Durante um telefonema com a professora da minha filha.

15:30

"Você realmente precisa fazer um trabalho mais completo com o seu relatório. É um grande cliente e eu não gosto de pensar que deveria lembrá-la de quanto isso é importante. As pessoas que pagam o seu salário devem ser a sua prioridade aqui."

— Veredicto sobre um projeto que eu achava que concluíra.

17:15

"Seu marido é o seu parceiro para a vida toda. Transforme o casamento em sua prioridade, ou não terá nada. Reserve um tempo para mostrar-lhe quanto ele é importante."

— De uma matéria numa revista, na sala de espera do pediatra.

20:10

"Lisa, você precisa organizar melhor as suas finanças. Deveria passar um pouco mais de tempo cuidando disso, do contrário acabará perdendo dinheiro."

— Num telefonema de meu irmão, corretor de ações, lembrando-me de que eu não economizei o suficiente este ano.

Bem, se todas essas pessoas estão assim tão preocupadas comigo, podem vir para a minha casa, preparar o jantar da minha família, ler para meus filhos e embrulhar o presente de aniversário da minha sogra, enquanto despejam champanhe no meu banho de espumas. Ah, e no presente, certifiquem-se de assinar o cartão de maneira que pareça que foi meu marido quem o escolheu.

A pior coisa a respeito de todos esses conselhos é que, por ter sido o último a se manifestar, eu perdi totalmente a paciência com meu irmão e desliguei na cara da única pessoa que provavelmente estava pensando de verdade nos meus interesses.

LAMPEJO

Perfeição é uma coleção de "listas de deveria" que recebemos de todo mundo.

Você sabe por que as pessoas ficam lhe dizendo que alguma coisa deveria ser tão importante? É porque, para elas, essa é a coisa mais importante do mundo. Seja a maneira como ganham seu sustento, como passam o tempo ou provam o seu valor à humanidade, apenas porque está no topo da lista de prioridades delas, presumem que deveria ocupar o mesmo lugar de honra na sua.

Tudo o que posso dizer é: há somente um espaço no topo. Se você der mais uma olhada na minha pequena variedade de sugestões, verá que não há nenhum mau conselho. Talvez não seja a qualidade, mas sim a quantidade que é tão esmagadora. Como vamos lidar com tal ataque furioso?

Em primeiro lugar, aceite o fato de que simplesmente não há tempo no mundo para calibrar seus pneus, formar uma horta de ervas frescas, trocar os filtros do ar-condicionado, exercitar os principais músculos do corpo, planejar o seu futuro financeiro e passar filtro solar no corpo inteiro todas as vezes que você sai de casa. Pelo menos não se você continuar insistindo em coisas como dormir, trabalhar, criar uma família ou quaisquer outras funções tão triviais como essas ao longo do caminho.

Uma vez que se convenceu disso, sugiro que considere a fonte, quando decidir como vai reagir. Vamos analisar quem está nos oferecendo toda essa ajuda:

Primeiro, há a *Ajuda Contratada*, o conselho dos especialistas. Uso esse termo amplamente para designar qualquer um que tenha sido contratado por você mesma, como encanadores, babás, contadores, médicos, faxineiras, psicólogos, pintores ou qualquer outra pessoa empregada num estabelecimento com o qual você faz negócios.

Poderia se pensar que esse tipo de conselho não incomoda tanto, mas basta o mecânico da oficina me perguntar quando foi a última vez que troquei o óleo do carro para que eu me sinta humilhada. Tudo o que consigo fazer em resposta é baixar a cabeça envergonhada e murmurar alguma coisa sobre como o meu trabalho exige que eu viaje muito.

Ajuda bastante lembrar que, tecnicamente, essas pessoas trabalham para *você*. Não importa se é o médico, o contador ou o balconista da loja onde você compra material de jardinagem. É função delas oferecer-lhe conselhos. E nem sempre você precisa prestar atenção, porque também faz parte da função delas oferecer os mesmos conselhos muitas e muitas vezes.

Isso não quer dizer que vale a pena ouvir tudo o que dizem. Só porque elas têm o nome pregado nas camisetas não significa que, necessariamente, saibam sobre o que estão falando. Outra coisa para ter em mente é que esses profissionais nem sempre seguem os próprios conselhos. Prova disso é que certa vez eu trabalhei com um grupo de hospitais psiquiátricos que empregava o maior bando de malucos que já conheci em toda a minha vida.

Muitos desses profissionais estão apenas tentando ganhar a vida ou impressionar todo mundo mostrando quanto são inteligentes. Portanto, ignore os idiotas e deixe o restante deles fazer o seu trabalho. Tenho certeza de que você é ainda melhor no seu trabalho.

Depois, há o conselho de natureza mais premeditada e pessoal, que vem do *Comitê do Deveria*. Este inclui todo mundo, desde completos estranhos até os membros da sua própria família que não conseguem evitar fazer comentários sobre como você está lidando com a sua vida. Eles fazem parte daquela turma do deixe de ser preguiçosa, coma as verduras, ponha um chapéu nessa criança. Talvez insistam em dizer que oferecem os conselhos para o seu próprio bem, mas já reparei em alguns temas bastante suspeitos.

Em primeiro lugar, o conselho deles é sempre sobre alguma coisa que já fizeram, que ainda vão fazer ou que, erroneamente, julgam que estão fazendo muito bem. Descobri que isso é particularmente verdadeiro no que se refere a como você deveria lidar com bebês, crianças ou adolescentes. As opiniões mais vigorosas em geral são fornecidas por aqueles que não têm de conviver com nenhum desses.

Outra coisa que já reparei a respeito desse conselho é o fato de ser claramente não-solicitado. A gente acaba se perguntando — a vida dessas pessoas é tão tediosa que julgar a sua é a única diversão que elas têm? Ou talvez elas sejam tão solitárias que esse é o único meio que encontram para se comunicar com outras pessoas. Ou, ainda, todas as outras pessoas que elas conhecem já se cansaram de ouvi-las, e elas têm de concentrar-se em você. Seja qual for o motivo, desconfio que tenha mais a ver com a necessidade delas de oferecer conselhos do que com a sua necessidade de recebê-los.

Se você não pediu, e a pessoa que quer "ajudá-la" não possui um histórico comprovado de conselhos sábios e oferecidos na hora certa, então considere-o um barulho inofensivo. Talvez você conheça umas poucas pessoas de bom-senso que fornecem conselhos muito úteis quando são solicitadas, mas muitas das coisas que lhe chegam podem ser simplesmente ignoradas. Porque rejeitá-las no ato servirá apenas para aumentar os esforços dessas pessoas, o método que prefiro utilizar é assentir gravemente, fazer uma breve pausa e responder: "Obrigada, você de fato me deu algo em que pensar". Isso encerra definitivamente a conversa e ainda recai dentro das regras de comportamento civilizado a que todos nós tentamos obedecer durante as reuniões de família.

Existe também o *Conselho Sempre Disponível*, aquele que não é direcionado apenas para você, mas está sempre por aí sob a forma de livros, revistas e programas de tevê. Parece um tanto ridículo permitir que a indústria do "como-fazer" nos atinja, mas nem sei lhe dizer quantas mulheres já conheci que se sentem culpadas por não serem capazes de seguir o conselho de uma determinada loira sobre como deve ser um fim de semana perfeito. Deixe-me lembrá-la de que tudo isso é entretenimento mascarado de aconselhamento. Eles fizeram todo o trabalho, portanto limite-se a se divertir. Você não precisa copiar. E lembre-se, a maioria dos casais que aparecem nos programas de tevê sobre melhorias na casa não são realmente casados.

Se o conselho parte do seu encanador, da sua sogra ou de algum especialista em eficiência, não o considere pessoal, porque todas nós também o estamos recebendo. Tente algumas dessas técnicas de proteção para ajudá-la a sair incólume:

1. Pergunte à pessoa que está lhe dando o conselho que coisas terríveis vão acontecer a você ou aos seus entes queridos se não fizer o que quer que seja. Se no pior dos casos você tiver de contratar novamente essa pessoa para limpar a sua bagunça, então fique descansada, sabendo que assegurou o emprego dela por mais um dia.

2. Louve o conselheiro por ser tão consciencioso nesse tópico. Já que você jamais conseguiria lidar com questões tão triviais, peça-lhe o favor de ligar para você na próxima vez em que ele for pintar, vedar janelas ou calibrar pneus, para lembrá-la de fazer o mesmo.

3. Explique ao conselheiro que está muito ocupada neste momento e que ele terá de repetir o conselho em pelo menos três ocasiões separadas, antes que você possa considerar a possibilidade de ouvi-lo.

4. Peça ao conselheiro para indicar claramente o que ele vai ganhar com isso, se você seguir o conselho. Descarte qualquer um que não consiga olhá-la nos olhos quando responder.

5. Convide o conselheiro a analisar a sua lista de coisas a fazer e selecionar quaisquer itens que ele gostaria de fazer em seu lugar, para que você possa ter o tempo livre para seguir o seu conselho.

6. Diga ao conselheiro que você está tentando atingir a felicidade, não a perfeição, portanto todas as sugestões devem ser fornecidas por escrito, detalhando exatamente quão mais feliz você será se as implementar.

7. Se você ainda estiver considerando o conselho, depois de todas as sugestões acima, ele provavelmente é bom, portanto aceite-o. Mas não antes de congratular-se por ter sido tão esperta e inteligente. Você se cercou de pessoas competentes e, sabiamente, delegou a elas os detalhes mais problemáticos. Parabéns a você.

A ironia de estar lhe dando este *conselho* não me escapou. Portanto, se qualquer coisa que eu disse não se encaixar nos padrões acima, sinta-se à vontade para descartá-la.

O CASO CONTRA TRABALHO DOMÉSTICO, DIETAS E OUTROS "DEVERIA"

Quando olho para a minha longa lista de coisas que deveria fazer, eu:

A. Sei que posso selecionar e decidir, baseada no que é realmente importante para mim.

B. Reconheço que todas as pessoas para quem preciso fazer alguma coisa realmente se importam comigo, e não apenas com o que faço para elas.

C. Sinto-me animada e ansiosa por fazer cada uma das desprezíveis tarefas da lista, porque sei que estou tornando a vida melhor para mim e para os outros.

D. Sinto-me completamente esmagada e só espero não ter de ficar até a meia-noite fazendo tudo o que precisa ser feito.

Creio que já esbocei bons argumentos contra tentarmos ser perfeitas: isso não nos torna mais felizes, ninguém gosta de tentar viver com tais padrões, ninguém quer se aproximar deles, ninguém realmente o consegue, e todas as demais simplesmente inventam. Seria o bastante para que eu abandonasse este assunto, mas talvez você possua uma ética de trabalho mais acirrada e não vai desistir tão facilmente.

Não tenho a presunção de lhe dizer como viver sua vida (pelo menos não tão no início deste livro). Vou aproveitar esta oportunidade para subir no meu cavalo e discursar sobre umas poucas coisas que, eu acredito, não têm absolutamente nenhum propósito ou influência na sua felicidade e, portanto, deveriam ser retiradas da sua lista.

A primeira a sair tem a ver com o trabalho doméstico. Minha amiga Teressa possui uma ótima perspectiva a respeito disso. Ela voltou a lecionar este ano, depois de passar dez anos em casa. Durante esse período deu à luz e criou três filhas, ensinou-as a andar eretas, a usar o peniquinho, a comer sozinhas e, eventualmente, a ir para a escola sozinhas. Tendo cumprido essa tarefa, estava pronta para voltar ao trabalho. Eu acho que umas férias seriam mais indicadas, mas Teressa preferiu retornar a um emprego remunerado. Como ela diz:

"No verão, antes de voltar, eu realmente tentei deixar tudo organizado, pois sabia que seria um ano 'puxado'. Naquela última semana de férias as meninas foram para a casa dos meus sogros e eu aproveitei para fazer tudo o que precisava ser feito. Limpei a casa inteira, lavei e passei cada peça de roupa. Pela primeira vez em nossa vida não ficara nada por fazer. No dia anterior à volta delas para casa eu estava guardando as últimas roupas quando me dei conta de que tudo estava pronto. Sentei, olhei em volta e pensei: E daí? Ninguém estava mais

feliz por causa disso, ninguém estava mais esperto, e absolutamente nada em nossa vida havia mudado.

"De fato aquele foi um ano agitado, mas sempre que as coisas ameaçam sair fora do controle, eu penso naquele momento, e ajuda muito. Não quero que as minhas filhas pensem que toda essa limpeza e arrumação seja uma prioridade. O trabalho doméstico não as torna mais felizes... mas eu, sim.

LAMPEJO

O seu exemplo está criando a "lista de deveria" da próxima geração.

Entre as muitas coisas que tenho a agradecer à minha mãe encontram-se esses imensamente baixos padrões de serviço doméstico. Não importa quanto a minha casa esteja suja ou desarrumada, nunca ficaria pior do que a dela.

Nossa casa sempre foi uma bagunça. Minha mãe lecionava em tempo integral e cuidava de uma família que incluía quatro filhos, um cachorro, diversos gatos e um marido que nunca fora treinado pela mãe a lavar a própria roupa. Em algum ponto ao longo do caminho ela deu-se conta de que poderia levar-se à loucura tentando fazer tudo, ou poderia simplesmente desistir. Pagar a alguém para que fizesse o serviço doméstico não cabia em nosso orçamento, portanto ela fez a escolha óbvia e rendeu-se. Olhando em retrospecto, suspeito que provavelmente esse foi um compromisso carregado de culpa, considerando-se os padrões daquela época, e bastante difícil para uma pessoa que era, por natureza, tão asseada e caprichosa. Depois que minha mãe morreu, eu fui separar os seus objetos pessoais e fiquei chocada ao ver quanto tudo estava limpo e arrumado. Mas o restante de nós deve ter sido demais para que uma única mulher cuidasse, por isso ela convivia com a bagunça. Havia marcas de dedos nas paredes, comida de cachorro no chão da cozinha, refrigerantes esquecidos nas feias mesinhas da sala e roupas que estavam eternamente esperando para serem lavadas.

Mas sabe de uma coisa? Nada de ruim jamais aconteceu à nossa família por causa disso. Depois que mamãe morreu, nós arrancamos o carpete sujo e vagabundo, doamos os móveis, contratamos um serviço de limpeza industrial e vendemos a casa. Se ainda estivesse viva, ela poderia ter feito a mesma coisa.

Nem sei dizer quantas mulheres já conheci que, embora sejam pessoas maravilhosas, excelentes amigas, mães, esposas e outras coisas que realmente importam, não param de censurar-se porque o chão da cozinha não brilha a ponto de se enxergar nele a roupa de baixo. Essas mulheres sentem-se absolutamente infelizes porque suas mães, ou pior, as sogras, conseguem manter a casa em melhores condições do que as delas. Faça um favor à próxima geração e abaixe os seus padrões. Além disso... **O serviço doméstico nunca está completado, porque o ato de viver na casa desfaz todos os seus esforços.**

Esse processo frustrante a coloca em constante atrito com a sua família, porque todos estão sempre sujando o que você limpou.

Se você não consegue conviver com isso, nem pode pagar uma faxineira para cuidar da limpeza, a única solução em que posso pensar é que faça uma troca com alguma amiga. Uma vez por semana vocês limpam a casa uma da outra. Com isso, poderá obter vários resultados:

1. Você terá a experiência maravilhosa de entrar numa casa limpa.
2. Vai perceber que existem outras famílias mais desleixadas que a sua.
3. Não terá de se preocupar com a limpeza pelo resto da semana, pois sabe que serão apenas alguns dias até que venha a "ajuda".
4. A sua família estará sujando o que outra pessoa, e não você, limpou.

Não sei quanto a você, mas eu acho a bagunça de outras pessoas menos deprimente do que a minha.

Já que estamos falando sobre serviços domésticos, gostaria de acrescentar algo mais específico acerca da cozinha e lavanderia. No que se refere a mim, essas duas coisas são as piores de todas. A não ser que a sua família ande nua e receba alimentação intravenosa, você nunca consegue dar esse trabalho por encerrado. Por mais que tente, eles insistirão em usar e sujar as roupas e comer a comida, de forma que você tem de começar tudo outra vez. Por mim, acho que é necessário questionar qualquer trabalho que demore mais tempo para ser feito do que para ser desfeito. Na minha família nós solucionamos parte desse problema comprando um suprimento de um mês de roupas de baixo, para todo mundo. Quanto à cozinha, só posso dizer que, atualmente, pratos descartáveis e um abridor de latas têm muito mais utilidade para mim do que um processador de alimentos.

Além dos serviços domésticos, há mais alguns que creio que valem a pena ser mencionados. Mesmo se você não puder removê-los da sua lista, eis aqui algumas sugestões para torná-los mais suportáveis:

As delicadezas sociais

Minha avó vai virar no túmulo com esta aqui, mas acho que todas nós deveríamos fazer um pacto de não trocarmos mais cartões de agradecimentos. Bem, na verdade as minhas amigas e eu não conseguimos esquecer por completo a nossa educação, por isso criamos um sistema que funciona maravilhosamente. Sempre que damos um presente a alguém, juntamos um pedacinho do papel que sobrou do embrulho e escrevemos:

"Querida Lisa, obrigada pelo lindo presente. Adorei. Com carinho...".

O espaço em branco é para a presenteada escrever o próprio nome. Nós o colocamos na frente do pacote, no lugar de um cartão de parabéns. Antes de abrir o presente, ela assina e nos devolve o "cartão de agradecimento". Consideramos isso parte do presente, e achamos que é muito mais carinhoso do que qualquer cartão comprado numa papelaria.

Recebendo visitas

Eu costumava ser culpada por passar um pouco dos limites nesta aqui. Mas agora que tenho filhos, se você receber um convite meu para jantar, este incluirá um pedido para que pegue a comida no caminho.

Com JoAnn, no entanto, a história é outra. Quando discutimos este tópico pela primeira vez, ela ainda se agarrava à crença de que um convidado não se sentiria totalmente bem-vindo a não ser que ela preparasse uma refeição completa e temática, com cartõezinhos decorados marcando os lugares e tudo.

JoAnn continuaria seguindo esse rumo preocupante se não fosse por um convite que recebeu recentemente. Ela e o marido foram convidados para jantar na casa de um dos seus clientes. Como não conhecia a esposa desse cliente, JoAnn não tinha idéia do que iria encontrar. Bem, como se não fosse pouco, ela recebeu o convite para jantar de uma das únicas mulheres ainda vivas capazes de superá-la. Tudo estava perfeito, desde os cristais e as flores até as costeletas de cordeiro e os suflês individuais. Ouvindo JoAnn contar, a idéia que eu tinha era a de uma foto de revista. Sabe qual foi a reação dela a todo esse trabalho feito em sua homenagem?

> *"Passei a noite inteira me perguntando como ela conseguiu fazer tudo aquilo. Eu jamais poderia oferecer um jantar tão elegante. Não tenho a casa nem a louça nem mesmo a cozinha apropriadas para preparar algo igual. Fui para casa sentindo-me inferiorizada. Só espero que as pessoas não se sintam assim, quando vão à minha casa."*

Pense bem, o que você quer que as pessoas comentem no carro, ao saírem da sua casa: "Você acredita em todo o trabalho que ela teve? Tive até medo de sujar aquela toalha de mesa maravilhosa"; ou: "Puxa, nunca ri tanto na minha vida, foi muito divertido"? Quando vão visitá-la, seus amigos querem ver você, e não o seu traseiro apontando na porta do forno.

Fazendo dieta

É impossível falar sobre mulheres e perfeição sem ao menos mencionar o nosso corpo. Eu mesma passei a maior parte da última década estando grávida, gorda, ou ambos, portanto tenho uma experiência considerável nesse assunto. Embora não possa dizer com sinceridade que estou completamente em paz com isso, o fato é que passei por uma experiência no último verão que aliviou um pouco a pressão.

Certo dia eu me encontrava na piscina com minhas crianças, usando meu costumeiro maiô preto com o painel controlador de barriga. Ainda tinha dez quilos a mais, sobras da gravidez de uma criança que já estava praticamente pronta para saltar do trampolim, de forma que minha cintura e minhas coxas não eram apropriadas para o consumo público. Enquanto deslizava sob a água, segurando minha filha estrategicamente diante de mim, dei uma boa olhada em algumas das poucas vizinhas mais magras. Você sabe, aquelas mulheres que ainda arranjam tempo para fazer ginástica e, provavelmente, depilam as pernas com regularidade. Depois do primeiro olhar invejoso aos seus corpos magros, comecei a perceber que elas não eram assim tão perfeitas. Tinham os mesmos braços flácidos, a mesma barriga caída e as mesmas coxas com celulite que eu, só que menores.

Aquilo foi um choque! Eu achava que a única coisa que me impedia de parecer com a salva-vida de dezenove anos fosse o meu próprio comportamento desleixado. Mas aquela turma era a prova viva de que a idade e a gravidade são duas variáveis que ninguém consegue controlar. Afinal, elas tinham feito dietas e exercícios até quase se matarem, e mesmo assim pareciam um grupo de mulheres quarentonas, com um punhado de filhos. Magras, sem dúvida, mas a salva-vida permanecia sozinha em sua perfeição. Desista de estragar os melhores momentos da sua vida preocupando-se com a aparência. No fundo, ninguém se importa com isso.

Então é isso, a minha contribuição pessoal para reduzir a sua *lista de deveria*. Vamos todas vestir nossos moletons largos, visitá-la em sua casa desarrumada, pedir uma pizza grande de queijo e nos divertir um bocado, seguras por saber que nem mesmo teremos de lhe enviar um cartão de agradecimento. Isso me parece bem mais divertido do que fazer degustações de vinhos florais.

"TUDO BEM", NÃO ERA EXATAMENTE O QUE EU ESTAVA PROCURANDO AQUI

Muitas de vocês talvez estejam vacilando, nesta altura, e talvez pensem que estou sugerindo que nos resignemos à mediocridade em todos os aspectos da vida. Afinal, depois de ter ouvido que "vale a pena fazer qualquer coisa, desde que seja bem-feita", é difícil relaxar. Minha amiga Barbara não estava disposta a se contentar com menos. Ela é uma decoradora de interiores, e a perfeição é o que busca a cada dia, todos os dias.

> *"Eu nunca ganharia o meu sustento se dissesse às pessoas que tudo ficaria bem quando estivesse pronto. Além disso, eu quero que fique perfeito. Na verdade, não sinto que concluí meu trabalho até que meus clientes usem exatamente essa palavra. Quando eles entram no ambiente que arrumei, olham em volta e dizem: 'Barbara, adorei, está perfeito', sinto muito orgulho de mim mesma. Não desistiria disso por nada."*

E eu nem sonharia em pedir que ela o fizesse. Esse é o trabalho dela, e é ótima no que faz. Barbara cruzaria céus e terras à procura do tecido xadrez perfeito, e nem mesmo considera a idéia de visitar uma loja de tecidos antes de ter inspecionado pessoalmente cada peça do lugar, mesmo se isso incluir sair pelos fundos e verificar o que acabou de chegar nos caminhões. Seus clientes ficam sempre encantados com os resultados e, o que é mais importante, Barbara adora o que faz enquanto está fazendo.

Essa é uma das diferenças. Quando você adora, ou pelo menos gosta, enquanto está no processo de fazer o que quer que seja, não se trata de tentar atingir alguma imagem perfeita. Trata-se de fazer algo que você faz bem, e gosta. Não estou dizendo que precisa adorar cada minuto; tenho certeza de que até mesmo Barbara fica irritada quando os lotes de tecido tingido não combinam, mas se você faz as coisas apenas pensando que é o que deveria fazer, duvido que fique muito feliz quando termina.

Um outro teste para a perfeição é o seguinte: O que você faz provoca um efeito positivo em si mesma ou em outras pessoas? Agora, seja realmente sincera consigo mesma aqui, porque você sabe quanto achamos chatas aquelas Rainhas da Perfeição. Portanto, se está absolutamente certa de que o seu trabalho, ou qualquer que seja a sua obsessão, terá um efeito duradouro nos eventos da sua vida, siga em frente e continue. E não permita que ninguém a faça mudar de idéia. Shannon não permitiu.

Quando seu filho mais velho estava com dois anos e meio, Shannon reparou que ele não falava tão bem quanto as outras crianças da pré-escola. Procurou ler algumas coisas sobre o assunto e, embora os livros que consultou o colocassem num nível normal, ela ainda estava preocupada. Shannon partilhou sua preocupação com o marido, com os pais, com o médico e com algumas amigas, e todos lhe diziam a mesma coisa: “Não se preocupe, está tudo bem com ele”.

“Tudo bem” não é exatamente o ponto de referência que estabeleci para mim, quando se trata de algo tão importante quanto meus filhos. E também não era o que Shannon tinha em mente. Para encurtar a história, ela levou-o a uma especialista, a qual constatou que, embora não houvesse nenhum problema grave, ele era um pouquinho atrasado. Ela ensinou Shannon a trabalhar com o menino, e ele recuperou-se de maneira razoavelmente rápida. Shannon não estava insistindo que seu filho fosse perfeito, estava apenas certificando-se de que fazia o melhor por ele. Ela não estava neurótica, sabia que havia algo errado, e poderia ter sido algo bem pior. Teria perdido a chance de ajudá-lo caso se contentasse com o "tudo bem".

LAMPEJO

Esquecer a perfeição não significa baixar os seus padrões, mas sim elevá-los.

Elevá-los para o que realmente é importante, e colocar a sua felicidade no topo da lista. Você não merece menos. Você merece mais.

Merece mais daqueles momentos maravilhosos, quando está desfrutando tanto de algo que diz a si mesma "é perfeito". Se você pode dizer isso, provavelmente é porque é perfeito. E quem não adora quando alguém que nos é importante diz que algo que fizemos "é perfeito"? Esses momentos não têm relação alguma com a *lista dos deveria* nem com lutar para atingir uma imagem perfeita, pois são momentos em que você realmente se esquece de tudo por um segundo. E a perfeição a que estou me referindo não é aquela que a faz sentir-se melhor, é a que a faz sentir-se pior.

Não estou sugerindo que você abandone a perfeição porque não consegue atingi-la. Estou farta das pessoas nos dizendo para não sermos tão perfeccionistas num tom tão condescendente que sugere que, de alguma forma, isso é demais para nós. Não é demais para nós, é muito pouco. Quero que você desista disso porque merece o melhor. Você merece mais do que simplesmente seguir a correnteza da vida, merece ter uma vida, e esquecer a perfeição é onde ela se inicia.

A *lista dos deveria* e o *tudo bem* referem-se àquilo que todas as outras pessoas pensam. Assim que as tirar do caminho, pode preocupar-se com aquilo que você pensa. Se adora o que quer que esteja fazendo, ou acha que isso realmente terá valor a longo prazo, sinta-se livre para estabelecer seus padrões um pouco mais acima da marca do "tudo bem". Vá atrás do maravilhoso, fantástico, sensacional e até mesmo divertido. Na verdade, agora que liberamos um pouco de tempo e de espaço mental ao jogar fora aquela perfeição, podemos seguir em frente em busca das coisas boas.

CAPÍTULO TRÊS

A Mãe Natureza Tinha Algo em Mente

"Não é bom enganar a Mãe Natureza."

— Propaganda da margarina Parkway

A VERDADE ACERCA DE CÃES E GATOS

Acho que minha vida seria mais significativa se eu:

A. Ganhasse uma "grana preta" sendo tão determinada e inescrupulosa quanto a "Cruela Cruel".

B. Possuísse e governasse o meu próprio pequeno país.

C. Saísse na capa da revista *Deusa do Lar*.

D. Soubesse que o que estou fazendo tem importância para alguém.

Todas nós enfiamos na cabeça que se ao menos conseguíssemos ganhar mais dinheiro, mudar de emprego ou finalmente comprar aquele conjunto de móveis para a sala de jantar, seríamos felizes. Mas sabe de uma coisa? Quando perguntei a mulheres de verdade sobre os melhores momentos de sua vida, eis o que elas disseram que as tornava realmente felizes:

"Ser a principal gerente de vendas não é o que me dá emoção. Sinto-me realmente satisfeita em meu trabalho quando sei que estou sendo uma ótima chefe. Quando ajudo alguém a crescer, seja no campo profissional, seja no pessoal, isso sim é o que realmente importa para mim, é quando sei que o que faço é importante para alguém".

— Suzanne, gerente de vendas.

"Sou muito diferente, agora que fico em casa com as crianças. Provavelmente a minha vida parece ser um bocado tediosa para muitas pessoas, mas, para mim, sinto que é uma chance de fazer algo de fato importante, ou pelo menos acho isso nos dias em que tudo vai bem. Não consigo nem lembrar quem era aquela outra pessoa, que corria para chegar aos aeroportos no horário e latia ordens aos subordinados. Agora eu sou realmente uma pessoa melhor."

— Shannon, mãe em tempo integral de três crianças pequenas.

"Às vezes, quando tenho um milhão de provas para corrigir e as minhas costas doem de tanto ficar inclinada sobre a mesa, pergunto-me por que continuo fazendo isso. Mas, de repente, vejo que um dos meus alunos 'entendeu tudo', então me lembro de por que decidi ser professora."

— Holly, professora de inglês do segundo grau.

"Uma coisa que sei com certeza é que, quando olhar para trás nesta parte da minha vida, saberei que aquela velhinha no asi-

lo viveu uma vida mais longa e saudável por causa da maneira como cuidamos dela. Isso é realmente importante para mim... Se conseguir fazer isso, terei de fato feito alguma coisa."

— Rachelle, que trabalha numa casa de idosos.

"O dia em que puseram Molly nos meus braços foi o dia em que eu soube que a minha vida significava alguma coisa. O mundo parou de girar e, de repente, eu era a mãe de alguém. Já tive altos e baixos desde então, mas naquele dia eu soube que alguém realmente precisava de mim."

— Susan, falando sobre a adoção de sua filha.

"É engraçado, mas uma das coisas de que mais gosto é ser uma boa amiga. Quando alguém tem algo muito bom, ou mesmo algo muito ruim para compartilhar, e essa pessoa liga para mim, sei que realmente tenho importância."

— Debby, que prova que isso é verdade todas as vezes que eu ligo para ela.

Mais uma vez a perfeição nem mesmo foi registrada na tela do radar, em termos de experiências de vida memoráveis.

Apesar de essas mulheres terem realizado um bocado de coisas em suas vidas, os momentos que mais significaram para elas foram bastante comuns. Não foi salvar o planeta nem desfrutar o estilo de vida dos ricos e famosos. Nem mesmo quando estavam governando o Universo a partir de um telefone celular à beira da piscina. Simplesmente foi quando estavam fazendo algo que era importante para outra pessoa.

LAMPEJO

Não é o que fazemos, mas sim a maneira como isso se conecta com os outros que é tão importante para nós.

Além de nos predispormos ao fracasso com aquela tolice da perfeição, nós também adquirimos a idéia de que nossas realizações definem nossa vida. E sabe de onde adquirimos isso? Exatamente! Das falsas propagandas do resto do mundo.

Basta ler os obituários, pelo amor de Deus. As pessoas que realizam muito recebem os maiores espaços escritos. No entanto, muito raramente vejo alguma citação sincera sobre quanto elas significaram para alguém. Muitas de nós aprenderam essa pequena lição bem cedo na vida. Lembram-se das aulas de história? Eu aprendi tudo sobre quem conquistou uma nova fronteira, criou a Era Industrial, liderou os ataques contra os inimigos, ou fundou um país. Você sabe, essas coisas importantes. Bem, talvez eu estivesse cochilando no fundo da sala, mas não me recordo de nenhum professor de história jamais ter falado sobre quem realmente influenciou George Washington a se tornar o homem que foi. Imagino que ele foi tão honesto a respeito daquela cerejeira porque foi criado por um bando de lobos.

Se você não acha que estamos penduradas nisto aqui, então me diga, quando conhecemos alguém, por que a primeira pergunta que fazemos é: "O que você faz?"? Se isso não é definir uma pessoa pelas suas realizações, então não sei o que é.

Mas apenas fazer *coisas* não torna as mulheres felizes. Poderíamos mover uma montanha, mas sabemos que isso não conta nada, a não ser que alguém precisasse que ela fosse movida e diz obrigado quando terminamos.

As realizações não precisam requerer a *aprovação* de outros, isto é, apenas a estúpida *lista de deveria* erguendo a sua horrenda cabeça. O que torna as realizações significativas é como nós nos conectamos com os outros. Na verdade, ouvi várias mulheres usando esta exata palavra, "conexão", e não creio que estivessem falando sobre a capacidade de conseguir as melhores mesas em restaurantes finos. Elas estão se referindo a ser parte de alguma coisa — trabalho, comunidade, família —; não importa o que seja, a sensação é a mesma. As mulheres querem saber que fazem uma diferença, num determinado momento do tempo, para alguém. Não precisa mudar o curso da humanidade, só queremos que conte para *alguma coisa.*

Todas vocês, professoras, enfermeiras, babás e assistentes sociais podem rir por último, agora. Muitas de nós desviaram-se um bocado dos seus rumos para se certificarem de que não acabariam nesses tipos de "trabalhos femininos". Não, nós iríamos fazer algo realmente importante.

E o que eu acabei fazendo? Eu vendia papel higiênico para uma indústria de produtos de embalagem, ou pelo menos era o que fazia antes de mudar para o negócio mais significativo de treinar vendedores. Adivinhe para o que a minha empresa treina os vendedores? Para visitarem enfermeiras e demonstrarem como os produtos que vendem seriam úteis ao seu valoroso trabalho de salvar vidas humanas. Eu também me apresentei como voluntária na escola da minha filha, para ajudar a sua professora a formar o futuro da sociedade moldando suas jovens mentes. Sabe de uma coisa? Em toda a minha tediosa vida, esses são os dois grandes momentos.

São grandes momentos porque têm importância — e não apenas para mim. Como muitas mulheres, gosto mais de fazer alguma coisa se tenho uma imagem nítida de para quem estou fazendo. Nesse sentido, devo dizer que minhas pesquisas preliminares sobre esse assunto confirmam o que eu já suspeitava há um bom tempo: Nós pensamos sobre nossa vida de maneira diferente dos homens!

Imagine que o seu trabalho seja vacinar todas as crianças do mundo. Você sabe que será uma tarefa longa e difícil, que exigirá uma vida inteira de trabalho árduo. Sabe que terá de enfrentar a exaustão, a frustração, a angústia e as dificuldades ao longo do caminho. Que imagem mental levará com você a cada dia que a capacitará a sair da cama de manhã e encarar mais um dia de trabalho como esse?

Todas as mulheres a quem fiz essa pergunta deram-me uma versão da mesma resposta — os rostos. Elas sempre fizeram uma imagem mental de si mesmas ajudando alguém, e quase sempre imaginaram-se olhando direto em seus olhos. Imaginaram-se segurando uma criança doente, rindo com uma criança sorridente e saudável, confortando uma mãe preocupada, ou uma mãe muito agradecida por seu filho estar vivo. Sempre conectaram sua ação a uma pessoa.

O que os homens imaginaram? Meu pai disse que uma ala de hospital repleta de crianças doentes; meu marido disse um *playground* cheio de crianças saudáveis; meu amigo Steve disse a aclamação depois do trabalho concluído; meu irmão imaginou que a doença deixaria de existir. Se imaginaram as pessoas, foi sempre num grupo grande, e todos olhavam de uma determinada distância, sem interagir com elas. Nenhum deu uma resposta pessoal, conectada.

Ao contrário do que alguns dos meus antigos patrões possam ter acreditado, desejar o foco nos aspectos pessoais do nosso trabalho ou das nossas atividades não significa passar o dia inteiro de mãos dadas clamando como somos bons amigos. Podemos realizar as mesmas coisas que os homens, só precisamos de uma imagem diferente para chegar lá.

Talvez os homens da sua vida sejam mais orientados para os relacionamentos do que os meus, mas ainda estou para conhecer algum que encare as coisas da mesma maneira que as mulheres. Por que isso é tão surpreendente? Basta olhar para os dois sexos e você verá que somos tão parecidos quanto um gato e um cachorro. Se algum dia o seu gato começasse a latir, você correria, mais rápido que um raio, para falar com David Letterman no telefone. Por algum motivo, no entanto, a despeito das nossas evidentes diferenças físicas, eu sempre presumi que nossos cérebros funcionassem da mesma maneira. Bem, verdade seja dita, sempre achei que os nossos fossem um pouco mais rápidos, mas finalmente só agora estou entendendo que isso é porque somos tão diferentes.

E o que é mais importante, acho que tudo isso faz parte do grande plano da Mãe Natureza, portanto é melhor não mexermos.

Ela, ou o ser divino da sua preferência, queria assegurar a sobrevivência das espécies, por isso preparou as mulheres para ser mães. Para ser uma boa mãe, ou mesmo para tentar ser qualquer tipo de mãe, você precisa passar imensas quantidades de tempo formando e moldando outra pessoa. Busca todas as oportunidades possíveis para melhorar essa pessoa, para fazer uma diferença na maneira como ela vai se tornar.

Você pode estar pensando: "Tenho certeza de que as mulheres pré-históricas não liam o dr. Spock nem procuravam brinquedos adequados ao desenvolvimento intelectual. Elas não ficavam malucas tentando fazer de cada momento uma oportunidade para o aprendizado". Ah, é? Bem, o que você acha que aconteceria aos lindos filhinhos dessa mamãe, se ela não se certificasse de que soubessem quais frutinhas eram gostosas e quais poderiam matá-los?

Desde a aurora dos tempos as mães trabalham incansavelmente para produzir as melhores proles possíveis. A boa e velha Mãe Natureza sabia que essa seria uma tarefa difícil, por isso nos armou com um desejo ardente de realizá-la. Não é algo que podemos desligar, dependendo se queremos ou não usá-la com nossos filhos.

Você não acredita? Bem, considere o seguinte: Por que outro motivo nós tentamos modificar cada um dos homens com quem temos contato, por qualquer extensão de tempo? De maneira alguma esse é um comportamento adquirido, pois qualquer uma que já tenha tentado fazê-lo por mais do que uma vez sabe que não somente é uma tarefa impossível para a modificadora (nós) como também que os modificados (eles) ressentem-se disso terrivelmente.

Por quê, então, nós continuamos tentando e fazendo? Somos pré-programadas com uma necessidade de deixar uma marca duradoura na face do mundo, moldando o comportamento de outra pessoa. E se o homem da nossa vida é a única pessoa disponível? Bem, adivinhe, meu amigo, você foi o escolhido!

Passei os primeiros anos do meu próprio casamento tentando desenvolver meu marido. Você pode imaginar quanto ele estava encantado com a nova esposa. Em algum ponto ao longo do caminho, eu desisti. Foi por ter concluído a tarefa e seguido em frente? É pouco provável. Na verdade, fiz muito poucos progressos nesse sentido, mas devo ter encontrado outros lugares onde utilizar a minha "programação".

Ele era bom o bastante para mim por haver se apaixonado e casado, portanto não deve ter precisado de tanta ajuda assim. E eu juro que não mudou nem um pouquinho desde então. Talvez eu retome meu trabalho com meu marido algum dia, mas por enquanto ele está exalando um grande suspiro de alívio por eu dedicar meus esforços em outra parte.

Ele não precisava ser "trabalhado", essa era uma necessidade minha de olhar para outra pessoa e descobrir como ela poderia ser melhor, ajudá-la, alterar o curso dos acontecimentos humanos, porque é para isso que as mulheres são programadas. É isso que nos faz ter importância.

O que faz os homens terem importância? Acho que, para eles, é tudo o que for difícil, e quanto mais difícil, mais importante. Conectar com outras pessoas é realmente secundário. É o trabalho que conta.

Agora, por que eles são assim? Bem, a Mãe Natureza, em sua infinita sabedoria, sabia que a caça realmente grande, do tipo que poderia alimentar uma tribo durante um longo e frio inverno, seria muito mais difícil de obter do que, digamos, escavar uns poucos insetos debaixo de uma pedra. Portanto, ao programá-los com a mentalidade do "quanto mais difícil, melhor", ela assegurou-se de que a maioria deles seria capaz de cruzar vales e montanhas atrás da caça, e superarem-se uns aos outros nessa busca.

Acho que isso explica por que o homem moderno parece sentir que quanto mais ele reclama e xinga enquanto está fazendo alguma coisa, mais gratas nós ficaremos. Eles acreditam que se gemerem antes, durante e depois de qualquer favor que nos façam, isso irá contar mais. Por quê? Porque isso prova que é difícil, e quanto mais difícil, melhor.

Fique à vontade para mostrar esta parte do livro a qualquer homem da sua vida, incluindo aqueles chorões que façam qualquer tipo de trabalho para você, seja como marido, seja como empregado. Nós, mulheres, sabemos que se há uma tarefa a ser feita de qualquer maneira, fazê-la com um sorriso no rosto conta muito mais. Reclamações fazem com que contem menos!

Antes que você comece a ter um ataque e pense que estou sugerindo que servimos apenas para criar um bando de crianças das cavernas, vamos deixar bem claro: não estou. Estou dizendo que as mulheres sentem que sua vida é mais significativa quando suas ações estão conectadas a outras pessoas, e quando fazem uma diferença na vida de outros.

Uma mulher mais cínica poderia aproveitar essa oportunidade para salientar que essa influência em outras pessoas é uma habilidade que permaneceu inalterada ao teste do tempo, enquanto a capacidade de perseguir a caça parece ter sofrido um declínio no mercado atual.

Não podemos voltar aos tempos das cavernas, mesmo que quiséssemos. Talvez não precisemos realmente modificar nossa vida, podemos apenas mudar a maneira como nos sentimos a respeito dela. Precisamos de uma imagem diferente.

Na próxima vez que você tiver uma tarefa chata e medíocre para fazer — e estou falando de realmente ter de fazer, e não que deveria fazer —, você sabe, uma daquelas coisas aborrecidas como ganhar a vida, ou fazer o rodízio de carro, em vez de focalizar-se apenas no que está fazendo, quero que pense no porquê. Ou, melhor ainda, em quem. Quem, mesmo que seja um desconhecido, irá se beneficiar disso?

Talvez você precise aprofundar-se um pouco, mas acredito que alguém, em algum lugar, será afetado pelo que quer que seja que você faça. Mais tarde falaremos sobre como conseguir que lhe agradeçam depois, mas, por enquanto, creio que você terá mais prazer se puder pensar em seus rostos. Certamente não fará com que as coisas fiquem piores.

ATENÇÃO COMPRADORAS DE LOJAS DE DEPARTAMENTOS

Eu sei que faço uma diferença porque:

A. Estou dando prosseguimento ao trabalho de Madre Teresa, e encontro-me no processo de criar um duradouro legado de esperança para os pobres e famintos.

B. Fundei a minha própria religião e estou criando meus doze filhos para espalharem a palavra ao redor do mundo.

C. Estou a duas semanas de encontrar a cura para o câncer.

D. Vejo a diferença que faço para as pessoas na minha vida comum, rotineira.

Oprah disse certa vez: "Dou dinheiro a alguém apenas quando sei que isso terá um efeito significativo em sua vida". Eis aí uma mulher que provavelmente poderia doar dinheiro suficiente para que um Estado recebesse o seu nome, e ainda assim para ela é importante fazer essa conexão pessoal. Ela sabe que isso significa mais quando se pode ver que é importante para alguém. Bem, você pode dizer que tudo vai muito bem com Oprah, mas e quanto ao restante de nós, que sozinhas jamais conseguiremos que o país leia mais livros? Onde isso nos deixa?

Para ser honesta com você, na primeira vez em que me dei conta de quanto isso era importante para mim, a minha reação foi: ah, ótimo, agora além de tudo o que preciso fazer, a única maneira de sentir-me bem com a minha vida será se puder mudar a vida de outros. Maravilha, mais uma tarefa para acrescentar à minha lista.

Mas não precisamos fazer mais; podemos apenas fazer diferente, ou simplesmente pensar de maneira diferente. Isso não significa realizar mais ou menos do que já estava fazendo agora. Significa apenas sentir-se muito melhor a respeito disso. Aprendi essa lição graças a uma experiência com JoAnn.

JoAnn era uma alta executiva, vice-presidente de marketing de uma grande empresa de seguros de saúde. Como ela própria poderá lhe dizer, se há uma coisa em que é ótima, é em desenvolver planos de marketing, e se há algo em que é péssima, é na política de corporação. Pessoalmente, eu creio que isso tem a ver com possuir algum caráter, mas ela continua encarando como uma deficiência de carreira.

Bem, a empresa dela passava por um período difícil, e a "puxação de saco" estava se transformando numa forma de arte. JoAnn sentia-se completamente depreciada, por isso começou a procurar outro emprego. Eu acho que ela é brilhante, portanto para mim não foi surpresa quando recebeu uma oferta de outra organização, com um salário melhor. Essa outra empresa era ainda maior do que a sua, e o trabalho, perfeito para ela. Além de pagar uma "grana alta". No entanto, por algum motivo, JoAnn hesitou em aceitar. Na verdade, eu sabia que ela esperava que a convencesse a ficar onde estava. Longe de mim convencer alguém a desistir de um excelente salário numa grande empresa, por isso eu estava determinada a não lhe dar a minha opinião. Iria fazer com que a própria JoAnn me dissesse por que não queria o emprego.

Perguntei a ela o que mais gostava de fazer e como essa nova oferta se encaixaria nisso. A resposta de JoAnn foi: "O que realmente gosto de fazer é ser útil às pessoas". Agora, não sei quanto a você, mas "útil" não é a primeira palavra que me vem à mente quando penso numa alta funcionária de uma empresa de grande porte. Talvez para uma professora, uma enfermeira, mas ela era a vice-presidente de marketing! Porém JoAnn disse "útil", portanto foi dali que partimos.

Como, eu lhe perguntei, ela poderia ser útil nesse trabalho, comparado com o que tinha atualmente? O novo cargo, ao que parecia, focalizava-se em questões do tipo corporativo — desenvolvimento de planos de longo prazo, enquanto na função atual ela estava sempre em contato direto com hospitais, ajudando a formular planos individuais.

O enfoque de JoAnn na situação foi o seguinte: "Acho que não quero aceitar porque seria apenas um trabalho corporativo, e odeio isso. Não vejo onde esse tipo de coisa ajuda qualquer pessoa". Até aquele momento JoAnn estivera relativamente frustrada com todas as políticas no seu trabalho, mas no decorrer da nossa conversa ela acabou percebendo que esse era apenas o "clima" atual da empresa. Sua função ali era ajudar as pessoas a fazer melhor o seu trabalho, e ela era realmente boa nisso. O único problema era que não havia parado um pouco para pensar.

Na próxima vez em que visitou um hospital, JoAnn passou os dois dias habituais fazendo uma análise completa dos números e ajudando a desenvolver um projeto de marketing. Então, cinco minutos antes de sair, ela perguntou simplesmente: "Isso foi útil para vocês?". "Ah, sim", responderam. "Nós estávamos tão preocupados com o que iríamos fazer, e agora você deixou tudo mais fácil. Nem temos como agradecer, pois este ano seremos muito mais eficientes. Não sabemos o que teríamos feito se não fosse por você".

LAMPEJO

Se você não tem certeza de que é importante, pergunte!

Subitamente, o mesmo trabalho que JoAnn estivera fazendo havia anos estava conectado com alguém, e agora importava, portanto ela também era importante. Eu lhe disse que não queria que você fizesse mais, e não quero. Quero ajudá-la a encontrar a importância daquilo que já está fazendo.

Não comece a dizer a si mesma que receber um *feedback* sobre o que você está fazendo não é importante. A Mãe Natureza acha o contrário. Ela tinha de se certificar de que não deixaríamos a nossa prole morrer de fome durante um longo inverno ou, Deus nos livre, não atingir o seu potencial máximo. Desde que não poderia dar-se ao luxo de permitir que trilhássemos o rumo errado por muito tempo, ela nos programou para "checar", e "checar" um bocado. Afinal, a sobrevivência da espécie está em jogo, aqui!

A habilidade de comunicação não era exatamente o ponto forte das crianças das cavernas, por isso a Mãe Natureza quis que as mulheres procurassem constantemente os sinais de que tudo estava bem. Se você precisa de um *feedback* de vez em quando, não significa que seja incuravelmente insegura. Significa apenas que você é o sofisticado produto de um processo de evolução que remonta a milhares de anos.

É diferente para a outra metade da espécie. Imagine o que aconteceria se, momentos antes de atacar um imenso mamute, Zorg virasse para os seus irmãos Ogg e Glug e perguntasse: "Então, companheiros, tudo bem com vocês sobre o que está acontecendo? Porque eu realmente gostaria de um *feedback*, antes de tentarmos derrubar este aqui". Depois que o mamute fugisse, o pobre Zorg provavelmente acabaria sem comida para o inverno, enquanto Ogg e Glug trocariam uma série de grunhidos de censura pela estupidez do irmão. Pobre coitado, ele simplesmente não entendeu. Você nunca pergunta, isso estraga a caçada.

Eu estava explicando essa teoria para a minha amiga e ex-colega Debby, e ela disse: "Ah, meu Deus, Lisa, isso soa como se você estivesse voltando para aquela terrível *lista de deveria*. Eu passo o dia inteiro no escritório montado na minha garagem, fazendo ligações de telemarketing. Como isso vai fazer uma diferença ou uma conexão com alguém?".

O que Debby falhou em perceber foi que, quando trabalhávamos juntas, falar com ela no telefone era um dos melhores momentos do meu dia. É uma excelente amiga, histericamente engraçada, e pode-se contar com ela para qualquer coisa. Seu trabalho estava definitivamente conectado comigo, e depois que lhe perguntei, parece que ela faz uma grande diferença para o pessoal com quem trabalha agora. Também devo acrescentar que trabalhar para a sustento da família tem uma classificação bastante elevada na categoria de "conectar suas tarefas às pessoas", no meu livro.

Talvez você esteja fazendo uma diferença; apenas não tem ninguém para lhe mostrar isso. Comece a perguntar um pouco mais, e talvez acabe descobrindo. Minha amiga Myra descobriu, mesmo sem querer.

Myra trabalha como faxineira e, embora seja ótima no que faz, não são muitas as pessoas que se dispõem a lhe dizer isso. Muitas das suas clientes trabalham durante o dia, portanto ela quase nunca as encontra. No último verão Myra decidiu sair de férias, por isso teve de perder uma semana com várias das suas clientes regulares. Ligou para elas e, na maioria, deixou recados em suas secretárias eletrônicas. Uma mulher ligou de volta. Myra jamais a vira, pois fora o marido dela quem a contratara, e eles nunca estavam em casa. Todas as semanas Myra entrava com a chave que lhe fora dada, trabalhava sozinha durante horas e ia embora. A mulher sempre lhe deixava um cheque, mas nunca lhe falara nada, de uma maneira ou de outra, sobre o trabalho que ela estava fazendo. Sabe o que essa mulher disse, quando ligou para Myra?

> *"Só queria ter certeza de que você não vai nos deixar. Você vai voltar, não é? Porque eu não suportaria perdê-la. O dia em que você vem é o melhor da minha semana. Quando entro em casa e sinto aquele perfume de 'Myra esteve aqui', é uma delícia. Eu adoro!"*

Se você está pensando se o que faz realmente conta para alguma coisa, pergunte a si mesma (ou, melhor ainda, para os outros) o que fariam se você desistisse do que quer que esteja fazendo. Descobrirá se isso tem ou não importância.

Fazer uma diferença certamente não se trata apenas do trabalho. Se você participa de alguma ação voluntária, se ajuda os pobres, ou mesmo se é apenas uma boa vizinha, provavelmente já está recebendo algo de volta. E eu gostaria muito que alguém apontasse isso para todas vocês, professoras, enfermeiras, babás, mães, orientadoras e assistentes sociais que estão por aí. Mas, para o caso de isso não estar acontecendo: Em nome do resto do planeta, deixem-me dizer obrigada. Todo o futuro da sociedade como a conhecemos está em suas mãos e, sim, é importante. Suas auréolas já estão no correio.

Para as menos nobres dentre nós, minha amiga Teressa diz que até mesmo tornar o dia de alguém um pouquinho melhor já conta para alguma coisa. Teressa é aquela que não perde mais tempo com o trabalho doméstico. Ela diz que há maneiras de fazer uma diferença, até mesmo numa loja de departamentos.

> *"Eu vejo, na loja, uma mãe cujo filho pequeno está tendo um ataque daqueles. Todo mundo olha para ela, e eu sei exatamente como está se sentindo, como se fosse a pior mãe do planeta. Olho direto para ela, dou um sorriso e digo: 'Bem, se ele quiser imitar a minha filha, terá de gritar muito mais alto do que isso'. Alguém disse isso para mim certa vez, e foi o bastante para aliviar toda a situação. Se posso fazer o mesmo para outra pessoa, eu ganho o dia."*

Teressa continuou dizendo que vai para casa imaginando a mulher e o filho tendo um dia um pouco melhor, por causa dela. E acrescenta:

> *"Já perdi a paciência com meus filhos, todo mundo perde. Mas se posso evitar, ao menos uma vez, que tal coisa aconteça, já ajudei. É por isso que nunca digo: 'Ah, ele está tão cansado', ou 'pobrezinho, é cansativo ficar fechado numa loja por tanto*

tempo'. Essas coisas soam como se fossem ajuda, mas não são. A mãe apenas se sente culpada por ter arrastado a criança pela loja por tanto tempo. Eu quero que a mulher saiba que não é culpa dela, que isso acontece com todo mundo. E se vejo um pouco da tensão desaparecer do rosto dela, sei que funcionou".

É isso que quero dizer quando falo em conexão, sobre procurar aquela conexão pessoal em algumas das coisas que você já está fazendo. Se Teressa descobriu e fez uma diferença na loja de departamentos, provavelmente você também descobrirá algo onde está agora. Ela nem mesmo precisa perguntar se fez uma diferença, pois é capaz de checar pela expressão no rosto da pessoa.

Se pensar em rostos enquanto está presa no trânsito fazendo o rodízio para levar as crianças à escola não é o bastante para você, seguem-se aqui outras duas sugestões:

Primeiro, pergunte às pessoas sobre o que você já está fazendo. Ah, eu sei que você nem precisaria perguntar, elas deveriam estar lhe agradecendo de qualquer forma, mas o fato é que não estão. Seja por estarem envolvidas demais em seus próprios mundinhos ou, como Ogg e Glug, por não entenderem quanto você precisa ouvir. É por isso que talvez você queira começar com alguém como uma vizinha, uma professora, uma colega ou uma amiga. Filhos, maridos e patrões têm a tendência de ser notoriamente ingratos e exigem um tratamento especial, que será exposto mais adiante. Escolha alguém fácil para essa primeira rodada. Depois de fazer o que quer que você faz, volte-se para elas e pergunte simplesmente: "Isso fez uma diferença para você?". Talvez se surpreenda com o que vai descobrir.

Se isso não funcionar, você pode fazer uma greve e ver quanto sentem a sua falta. Mas primeiro tente perguntar. Depois de receber um pequeno *feedback* a respeito do que já faz, é hora de espalhar um pouco desse bom carma para o restante do mundo.

Na próxima vez em que estiver esperando numa fila de loja, de supermercado ou de farmácia, tire um instante para fazer o que Teressa faz. Conecte-se com alguém, e torne o dia dessa pessoa um pouco melhor. Não importa que seja com a mãe atormentada ou com a balconista que precisa de um sorriso, apenas faça alguma coisa.

Acredite, isso tornará o seu dia melhor, também. Além disso, não lhe tomará mais tempo do que aquele que você perde dando uma olhada nas revistas de fofocas de artistas, que ficam expostas ao lado da caixa.

CHAMANDO TODOS OS ORIENTADORES DE ACAMPAMENTO

Os melhores momentos da minha vida foram quando eu:

A. Consegui fazer com que as flores durassem mais tempo nos vasos, pois nunca se sabe quando alguém da revista *Casa, Jardim e Paraíso* vai aparecer.

B. Consegui criados decentes para descascar minhas uvas. Ter de cuspir aquela casca desagradável para fora da minha piscina me distrai demais da leitura das revistas de fofocas.

C. Obtive acesso de 24 horas com o meu corretor de ações, para assim poder monitorar a minha situação financeira a qualquer hora do dia e da noite.

D. Passei um tempo com um ótimo grupo de pessoas.

Fazer uma diferença para as pessoas significa muito para as mulheres, mas há outro aspecto da conexão que torna isso muito melhor. Pelo menos é o que dizem estas mulheres:

"Acho que o momento mais feliz foi quando eu estava no meu primeiro emprego. Eu trabalhava com um grupo formado sobretudo por mulheres, e sentia que o que estávamos fazendo era realmente importante. Olhando para trás, creio que não era nada demais, mas na época eu me sentia muito excitada com isso e adorava as pessoas com quem estava trabalhando".

— Donna, executiva de uma empresa de saúde.

"Um dos melhores momentos foi quando meus filhos eram pequenos e nós morávamos na base aérea. Nossos maridos ficavam fora o tempo todo, mas isso não tinha muita importância, porque eu estava nisso junto com todas as outras esposas. Todos eram do mesmo nível e ganhavam o mesmo salário, que não era muito. Nós íamos de casa em casa, sempre levando as crianças. Todas nos ajudávamos umas às outras. Talvez eu não achasse isso na época, mas olhando para trás, vejo que aqueles foram mesmo os dias mais felizes da minha vida."

— Bonnie, esposa de um oficial aposentado da Força Aérea.

"Por mais banal que pareça, eu fui realmente feliz na época do colegial. Morava numa cidade pequena e fazia parte de tudo, do coral, da banda, da Sociedade de Honra Nacional, do grupo de teatro... Foi mesmo uma época maravilhosa da minha vida. Eu saía o tempo todo, tudo girava em torno de fazer coisas com os meus amigos."

— Deb, que ainda se lembra disso depois de 35 anos.

"Aqui, em todos os lugares aonde vou, encontro pessoas conhecidas, e isso me faz sentir conectada e bem-vinda. Estou vivendo o meu melhor momento agora mesmo, porque sinto que faço parte das coisas."

— Allison, sobre a sua vida na comunidade.

Para a maioria das mulheres, os melhores momentos de sua vida são aqueles em que partilharam seu tempo ou suas experiências com outras pessoas. Como pode ver, não se trata apenas das pessoas para quem você faz a diferença; é também sobre as pessoas que fazem uma diferença para você.

LAMPEJO

As mulheres precisam estar em relacionamentos, pois isso é essencial à sobrevivência de suas almas.

Eu não havia percebido quanto precisava dessas conexões até o momento em que não as tive. Além do nascimento das minhas filhas, por mais surpreendente que seja, um dos momentos mais felizes da minha vida foi quando comecei a trabalhar naquela pequena empresa de treinamento. Juntei-me a ela após uma experiência não muito brilhante em vendas numa grande empresa de embalagens, e adorei. O que fez disso algo tão bom no início, em oposição ao que aconteceu mais tarde, quando passei a questionar meu propósito na vida?

A primeira pista surge quando me lembro da entrevista. Meu futuro chefe perguntou-me como eu iria acostumar-me a trabalhar para uma empresa tão pequena, depois de ter passado um tempo com os "grandes". Antes mesmo de pensar, eu disparei a falar: "Bem, sabe, trabalhei num jornal realmente pequeno quando estava na faculdade, e, para dizer a verdade, lá eu era muito mais feliz". Não havia percebido até aquele momento, quando as palavras saíam da minha boca, mas era mesmo verdade! Eu era mais feliz quando ganhava 65 dólares por semana trabalhando com todos os meus amigos num jornal escolar.

E quanto àquele emprego com os "grandes"? **Eu quase não tinha amigos no trabalho, porque eles nos incitavam uns contra os outros, sentia que não era ninguém, que era apenas uma engrenagem numa corporação gigantesca, e odiava aquilo!** A única coisa de que realmente gostei sobre aquele emprego foi ver como as pessoas ficaram impressionadas quando lhes disse que já estava farta. E havia levado cinco anos para perceber isso!

Bem, eu saltei para fora do barco da grande empresa e, por algum tempo, a nossa pequena empresa foi tudo o que imaginei que seria. Eu sentia que as minhas contribuições tinham importância e que estava conectada. Nossa empresa era tão pequena que todas as vezes que conseguíamos um cliente novo, era algo para ser comemorado. E, exatamente como na faculdade, eu trabalhava com pessoas ótimas, que estavam naquilo juntas. Pensando em retrospecto, aquele trabalho só deixou realmente de ser ótimo quando o meu chefe e grande parte dos meus amigos saíram. Ficou ainda menos ótimo quando o presidente pediu-me para passar todas as informações para ele por meio de *e-mails* porque era "mais eficiente", e tornou-se simplesmente um emprego quando eu me matava para conseguir uma nova conta e ninguém, incluindo o cliente, reparava nisso.

Por que eu estava insatisfeita? Porque, se você está desconectada, se esquece de por que está fazendo o trabalho. E não importa se seja trabalho ou um dia num *spa*, nada mais fica divertido quando se tem de fazer sozinha. Podemos agradecer à nossa velha Mãe Natureza por isso também.

Ela pode nos ter planejado para ser mães, mas deve ter ficado um pouquinho preocupada com a nossa capacidade de levar a cabo essa tarefa, portanto levou essa programação um pouco mais além. Pense em como as coisas eram feitas num passado distante. Além de criar seus filhos das cavernas, as mulheres plantavam, mantinham o fogo aceso (literalmente) e cuidavam para que os lobos ficassem a uma distância segura, enquanto os homens saíam para caçar. Não havia como fazer tudo isso sozinha, ou sem instruções. Trabalhar de maneira cooperativa era o único jeito de fazer as coisas.

De que outro modo as mulheres inexperientes iriam plantar os alimentos suficientes para o inverno, ou aprender a amamentar um bebê? Essas coisas não surgem tão naturalmente quanto você pode ter sido levada a acreditar. Precisam ser ensinadas num envolvimento diário com outras mulheres, e com a troca de informações. Quanto mais essas mulheres se conectassem umas com as outras, maiores seriam as probabilidades de que suas proles sobrevivessem a outro inverno.

A Mãe Natureza não se deu conta de que iríamos inventar um conceito inteligente chamado supermercado, nem de que seríamos capazes de alugar uma fita de vídeo sobre a arte feminina de amamentar, mas o seu plano ainda funciona. É por isso que somos mais felizes quando estamos em grupo. Sabemos que tudo corre melhor dessa forma.

Responda ao seguinte: Quais foram os melhores momentos da sua vida? Você estava sozinha? Enquanto pensa nisso, não quero que se lembre da melhor coisa que já lhe aconteceu, mas sim sobre o período mais feliz da sua vida. A resposta talvez a surpreenda. Sei que surpreendeu a minha amiga Laura.

Foi na primeira vez em que nos encontramos depois do nascimento do seu segundo filho, por isso tivemos de passar um bocado de tempo tentando entender a matemática exponencial de se acrescentar mais um bebê à mistura. Você sabe que, em se tratando de filhos, um mais um é igual a cinco. Quando, finalmente, eu lhe perguntei sobre o seu melhor momento:

> *"Ah", ela disse, acima do bebê que chorava, "posso lhe dizer agora mesmo, sei exatamente quando foi o mais feliz. Foi nas férias de verão depois do meu primeiro ano na faculdade, e eu estava trabalhando num acampamento da igreja. Era o meu segundo verão ali, e a maioria dos orientadores também havia retornado. Nós todos nos conhecíamos, e nos divertimos muito. Crianças diferentes chegavam a cada semana, e nós nos sentíamos realmente ótimos com o que fazíamos com elas. Na verdade, o motivo pelo qual me lembro disso tão bem é porque numa noite, voltando para a minha cabana, eu pensei exatamente isso: 'Este é o momento mais feliz da minha vida'".*

Um pouco depois ela acrescentou:

> "Não acredito que esta foi a minha resposta, estou tão envergonhada, mas foi a primeira coisa que pensei. Aqui estou eu, com um marido que adoro, um lindo filho de dois anos e mais um bebê saudável, tenho quem me ajude a cuidar da casa, uma excelente carreira, e o melhor momento da minha vida foi quando eu era uma orientadora num acampamento. Sinto-me muito ingrata".

Contei essa história para enfatizar que não se trata daquele que deveria ter sido o melhor momento, mas sim o que realmente foi. Ninguém, exceto você, saberá como responder a isso.

Agora que se lembrou-se seu melhor momento, pense no seu pior. Quando você sentiu que não servia para nada?

O primeiro comentário de JoAnn foi: "Se a Mãe Natureza nos programou para a maternidade, a minha programação deve ter ficado defeituosa por algum tempo, porque no início eu não suportava". Sim, esta mãe maravilhosa que criou um universitário auto-suficiente, que faz trabalho voluntário em seu tempo livre, realmente citou os primeiros anos de vida do seu filho como um dos piores momentos de toda a sua vida.

JoAnn havia se mudado para o Arkansas quando estava grávida, e porque planejara ficar em casa depois do nascimento do bebê, não procurou nenhum emprego. Eles se mudaram porque seu marido havia conseguido um novo cargo como representante de vendas. Ele viajava o tempo todo, e os telefones celulares ainda não tinham sido inventados, portanto era basicamente inacessível. Moravam num bairro que ainda estava começando a ser habitado, e as poucas pessoas que já viviam ali passavam o dia inteiro fora, trabalhando.

Isso já era ruim o bastante quando JoAnn estava grávida, mas pelo menos ela ainda podia sair e fazer alguma coisa. Depois que o bebê nasceu, tudo foi de mal a pior. JoAnn lembra-se muito bem:

> *"Ele chorava sem parar, e eu achei que fosse enlouquecer. Não suportava a hora em que meu marido saía, de manhã, pois sabia que teria de ficar em casa com aquele bebê chorão por dez horas inteiras. Graças a Deus meu marido não precisou viajar naquela época".*

Uma vez que descobriu que seu filho era alérgico a leite, JoAnn ficou um pouco menos infeliz, mas ela diz que só começou a sentir-se melhor depois que voltou a trabalhar em meio período, quando ele tinha três anos.

Ela sentia-se assim porque era uma péssima mãe? Não. Porque ele era um bebê terrível? Não. Porque a única maneira de uma mulher se realizar é pelo trabalho? Não. Porque JoAnn tinha um desejo ardente de usar meias-calças todos os dias? Não. Era simplesmente porque se sentia solitária e não estava conectada. JoAnn relutou em permitir que eu usasse essa história, porque não queria que seu filho já adulto pensasse que ela não o amava.

Essa é uma mulher que devotou cada momento disponível e cada onda cerebral que possuía para criar e educar esse jovem príncipe, e preocupou-se com o fato de não se encontrar num estado de êxtase durante os primeiros anos do filho. É evidente que ela fez toda a diferença do mundo para ele e, em retrospecto, adorou ter passado aquele período daquela maneira. O problema não era o que JoAnn estava fazendo, mas sim por tê-lo feito sozinha. Ela não tinha ninguém ao seu lado que soubesse exatamente pelo que estava passando. Afinal, o marido tinha a coragem de sair todos os dias para trabalhar. E não havia ninguém para lembrá-la de quanto o que ela fazia era importante, quando as coisas ficavam difíceis.

Eu a convenci de que tínhamos de contar essa história porque ela permite que as outras mulheres saibam que, mesmo não estando encantadas com uma determinada situação, isso não significa que sejam preguiçosas, desalmadas, péssimas mães, funcionárias desleixadas, ou qualquer que seja o defeito com o qual estejam se torturando.

Um erro que muitas de nós cometemos é presumir que se somos infelizes é porque escolhemos o papel errado para nós, quando talvez seja apenas devido às circunstâncias na quais o desempenhamos. Se você não está feliz agora, não é necessariamente porque cometeu um erro terrível na maneira como estabeleceu sua vida. Talvez não esteja conectada o suficiente. Ou, talvez, esteja encontrando defeitos nos seus relacionamentos, quando na verdade não possui bastante relacionamento para aproveitar-se totalmente daquela programação.

Quando você pensou nos seus melhores e piores momentos, qual foi a diferença? Foi o que você estava fazendo ou com quem estava fazendo? Existe alguma maneira pela qual possa recuperar pelo menos um pouco disso, na vida que tem agora?

Não há vagas disponíveis para orientadoras de acampamento, e meu antigo jornal da escola continua pagando apenas 65 dólares por semana, portanto essas opções não parecem muito viáveis. Vamos começar com algo um pouco menor. Se não pudermos voltar para a situação, talvez possamos voltar para algumas das pessoas. Eu lhe disse, no começo deste livro, que acho que temos a tendência de nos colocar em último lugar na nossa lista de prioridades, por isso agora vou lhe pedir que se movimente um pouquinho para cima.

Tudo o que quero que faça é reconectar-se com um ou dois daqueles antigos amigos ou amigas. Sei que isso irá exigir algum tempo, mas lembre-se de que conquistei o direito de lhe pedir isso, no momento em que chutei para longe da sua lista aquela história de perfeição. Você pode fazer isso, em vez de arrumar a casa ou planejar cardápios dietéticos com uma semana de antecedência.

Eu gostaria que você ligasse, ou realmente visitasse, uma daquelas pessoas que participaram do seu melhor momento. Se isso não for possível, pode começar com uma carta, mas eventualmente eu gostaria que tivesse uma conversa de verdade. Você merece o prazer de conversar com uma amiga que não deseja nem precisa de nada de você, exceto ouvir o som da sua voz e saber que você está bem. Converse sobre os bons momentos que passaram juntas, e por que foram tão divertidos. Descubra com quem essa pessoa continua tendo contato, e como vão as outros. Aproveite bem o tempo para ouvir, além de falar e, eu nem deveria ter de lembrá-la disso, mas para o caso de se esquecer: Nunca, em nenhuma circunstância, seja o seu falso "eu", nem comece a exibir aquela estúpida "perfeição"!

Isso será tão importante para a sua amiga quanto para você, portanto não estrague tudo.

Logo você irá se lembrar de quanto esses amigos têm importância em sua vida. E, pode me chamar de otimista, mas também espero que isso coloque a conexão com eles num lugar um pouco mais elevado na sua lista.

264 PENSAMENTOS EXTRAS

Normalmente eu tenho muitas conversas profundas e significativas com:

A. Minha alma gêmea e companheiro para toda a vida, porque ele é o único capaz de deixar de lado suas próprias preocupações e concentrar-se exclusivamente no que tenho a dizer.

B. Meu patrão, porque minha empresa é apaixonadamente comprometida com o meu desenvolvimento como ser humano, e não apenas com a quantidade de trabalho que posso produzir.

C. Meus filhos, que sabem que sou uma mulher com necessidades e idéias próprias, e não apenas uma escrava que lhes faz todas as vontades.

D. O sujeito com um bonezinho, que fica sentado dentro de uma cabine no *drive-through* da lanchonete.

Você deve estar pensando que o fato de eu ser casada e ter filhos é bom, porque essas são as minhas conexões. Detesto ter de lhe dizer, mas até mesmo Olivia Walton provavelmente precisava de algo mais do que isso. E, se bem me lembro, John Boy acabou saindo de casa para freqüentar a faculdade.

Mas depois que você teve aquele primeiro bebê, é difícil imaginar que poderia querer qualquer coisa a mais. Não importa se isso aconteceu cinqüenta dias ou cinqüenta anos atrás, para muitas de nós foi simplesmente mágico.

Se você não tem filhos, ou se tem e as suas lembranças dessa época são um pesadelo insone (meu segundo bebê), acredite, não estou dizendo que filhos são a chave para a felicidade. Mas muitas mulheres consideram a maternidade um evento que define suas vidas, e existem alguns motivos por que isso se aplica a todas nós, quer você já tenha passado por isso, quer ainda vá passar, quer não pretenda passar nunca.

A maternidade é a primeira vez em que estamos num relacionamento que se trata apenas de relacionamento. Não há diários escondidos, nem sofrimentos passados, nem inseguranças, são apenas duas pessoas que existem unicamente uma para a outra.

Minha mãe me disse certa vez, muito tempo antes de eu ter minhas filhas: "Ninguém a ama tanto quanto um bebê". Lembro-me de ter pensado: "Que diabo ela está falando?". Como a mais velha de quatro irmãos, minha experiência com bebês era a de que eles estavam sempre chorando, comendo, babando, sujando fraldas, e que exigiam 24 horas por dia de atenção, sem nunca agradecer.

Mas isso é com o bebê dos outros. O seu próprio bebê, claro, atingiu um novo plano emocional desconhecido de quaisquer outros bebês menos importantes, porque o seu bebê ama você. Creio que o que minha mãe quis dizer foi que essa é a única vez em sua vida que alguém irá amá-la apenas porque você existe. Você não precisa fazer nada, dizer nada, não tem que ser perfeita, agradável ou qualquer outra coisa. Pensando bem, existe apenas uma outra pessoa que consegue ser amada dessa maneira, e claro que é o bebê.

Muitas mulheres acham essa época tão realizadora porque estão conectadas de uma maneira como nunca estiveram antes: são parte de alguma coisa, significam alguma coisa. Na verdade, para o bebê, elas significam tudo. E era exatamente isso que a Mãe Natureza tinha em mente.

Como mãe, você precisa conectar-se com todos os seus filhos o tempo todo. No início, a necessidade de conexão é tão forte que algumas de nós não suportam ficar nem um momento sem o bebê nos braços, quanto menos longe das vistas. Eu não suportava.

Lembro-me de um jantar de Natal, logo depois que minha primeira filha nascera. Estávamos todos na mesa, e meu marido colocara a nossa filhinha de quatro dias de idade num cestinho no chão, ao lado dele, onde ela dormia confortavelmente. Esse cestinho estável, aprovado pelos órgãos de controle federais e pré-esterilizado por mim mesma, infelizmente estava fora do meu alcance de visão. Com toda calma, sugeri a ele que talvez pudéssemos mudar o cestinho de lugar, de forma que eu pudesse dar uma olhada em minha filha. Sabe qual foi a resposta "prestativa" dele? "Ela está bem. Eu estou olhando, pode comer sossegada."

Bem, eu havia jurado que jamais seria uma daquelas mulheres ridículas que não permitem que ninguém, inclusive os maridos, toquem no bebê. Já tivera um bocado de experiência com crianças, lembra-se? Sabia que não haveria problema algum em deixar que meu marido cuidasse de minha filha, era o que ele devia estar fazendo, certo? Ele até tivera aulas sobre cuidados com bebês. Nós estávamos nisso juntos.

Ainda assim, lá estava eu, no jantar de Natal, girando meu pescoço como numa cena de *O Exorcista*, tentando dar uma espiada num bebê que dormia a menos de dois metros de distância. Meu pai, um pai experiente de quatro filhos, teve o bom senso de interferir. "Filho", ele disse, "lembra-se de quando era garoto e ia caçar com seu pai? Lembra-se daquela regra de nunca ficar entre a mãe e o filhote? Bem, adivinhe, meu rapaz, você está exatamente nesse lugar, e sugiro que se mova antes que ela arranque fora o seu braço!"

Dias depois, estávamos todos rindo ao recordar esse incidente, e meu irmão mais novo, que na época era solteiro e não tinha filhos, disse num impressionante momento de *insight*: "Sabe, realmente faz sentido o fato de você não querer se afastar do bebê nem por um segundo. Uns duzentos anos atrás, se deixasse seu bebê sozinho, talvez ele fosse devorado por algum animal". Ele estava absolutamente certo. Eu não era louca, meu modo de pensar não desafiava toda a lógica, mas isso foi porque não estava pensando, era instinto.

Relatei esse episódio como um exemplo de quão poderosa é a necessidade de conexão. No decorrer da vida dos filhos, as mães devem concentrar-se em todas as nuanças dos seus comportamentos, aprender a ler suas expressões, seus diferentes tipos de choro, e conectar-se com eles tão bem que são capazes de dizer quando estão doentes antes mesmo que eles próprios saibam.

Nós ansiamos por encontrar esses relacionamentos íntimos, próximos, sobre os quais lemos em romances, onde duas almas gêmeas conseguem ler os pensamentos uma da outra. Talvez a Mãe Natureza não consiga superar Danielle Steele, mas ela sabia o bastante para certificar-se de que essa necessidade estava bem ali, para a maioria de nós.

A Mãe Natureza também sabia que a sobrevivência da espécie dependia de nós termos mais do que um filho. Por isso, é completamente irrealista pensar que ela nos concedeu uma programação para conexão que ficará satisfeita com apenas uma ou duas conexões. Afinal, dados os perigos que espreitavam o ser humano no passado, a Mãe Natureza quis ter certeza de que, no final das contas, sobrasse pelo menos uma meia dúzia de crianças para assegurar a continuação da espécie.

Mais uma vez ela nos programa para uma tarefa e ignora completamente o fato de que nem todas conseguiremos completá-la, e que completá-la com sucesso significa que eventualmente iremos nos matar de tanto trabalhar. Claro, em seu plano original, aquelas que conseguiam sobreviver ao parto morriam mais ou menos na época em que acabavam de procriar. Mas o que importava a ela o que fizéssemos com a programação, desde que a sua parte estivesse feita?

LAMPEJO

Você foi programada para cuidar do bebê durante toda a sua vida, mas ele precisa disso apenas por alguns anos.

Portanto, quer você tenha um ou dez, como JoAnn bem pode lhe dizer, eles todos eventualmente terão a petulância de crescer, partir e ter uma vida própria. Então lá estará você, toda programada e sem ter nada a fazer contra tal fato.

Acha que um homem pode preencher esse vazio? Eu não contaria com isso. A Mãe Natureza não poderia dar-se ao luxo de conceder a eles essa programação para a "alma gêmea"; afinal, os homens tinham de sair e caçar durante semanas. Mas deixe-me partilhar com você um pequeno fato científico com o qual deparei recentemente: foi provado que o homem médio pensa em sexo pelo menos a cada cinco minutos, enquanto a mulher pensa uma vez a cada hora.

Minha primeira reação foi: Puxa, como os homens conseguem fazer alguma coisa? Meu pensamento seguinte foi: Quem são essas mulheres? Será que alguma delas tem mais de vinte anos? Uma vez por hora? Tente uma vez por semana. Mas passei a perguntar por aí, e na minha própria pesquisa ao acaso, os números subiram ainda mais. Até meu marido disse que os cinco minutos "eram mais ou menos isso". Não é de admirar que ele nunca consiga chegar do trabalho na hora certa, se tem de interromper suas tarefas a cada cinco minutos!

Vamos usar um pouco de matemática. Comece com a premissa de que homens e mulheres têm o mesmo exato número de pensamentos num determinado dia. E digamos que ambos queiram dividir com alguém cerca de 50% do que lhes passa pela cabeça. Se está contando com um homem para preencher essa necessidade para você, sinto-me obrigada a lhe informar que você será deixada com 264 pensamentos a mais para compartilhar no final de um dia e a cada período de 24 horas, pois enquanto você está ponderando sobre a situação política local, ele está pensando em sexo.

E isso é apenas num dia. As perspectivas para um relacionamento de fato são ainda mais desoladoras. Se você multiplicar esses 264 pensamentos extras pelos 365 dias do ano, terá 96.360 pensamentos extras. E isso continua aumentando. Se tiver sorte o bastante para estar num casamento estável, quando chegar às bodas de prata você terá um saldo de 2.409.000 pensamentos extras.

Creio que é bastante óbvio, aqui, que você terá de arranjar algumas amigas com quem possa compartilhar esses pensamentos. Sugiro que se certifique de que todas elas sejam mulheres. Porque, além do fato de que os homens estão passando uma quantidade imensamente desproporcional de tempo pensando em sexo, também já reparei que eles costumam usar o método "gangorra" de conversa, sempre que começamos a falar sobre nós mesmas.

Por exemplo, quando escrevi uma pequena biografia de autora para este livro, declarei que tenho um emprego, filhos, que cuido da casa, e assim por diante. Meu irmão a leu e disse que parecia que meu marido não fazia nada. Tornei a ler e, sinceramente, não sei onde digo uma palavra sobre o que ele estava ou não fazendo. Pelo que todos sabem, ele pode até ensinar nossas filhas a construir casas para os desabrigados em todos os segundos em que não está trabalhando para sustentar a família. O comentário era a meu respeito, não a respeito dele. Mas, aparentemente, os homens não encaram dessa forma. Se digo que estou fazendo tal coisa, isso deve significar que ele não está fazendo nada. Não podemos estar ambos no mesmo nível. Pois se um está acima, outro deve estar abaixo. Por isso a gangorra.

Se você acha que o homem da sua vida é diferente, por que não experimenta queixar-se a ele sobre todas as suas responsabilidades e tudo o que você precisa fazer, e depois veja por quanto tempo consegue continuar, antes que ele fique na defensiva e a interrompa com: "Bem, o que você quer que eu faça? Também tenho um bocado de coisas na minha lista, e estou fazendo o melhor que posso, aqui". Minha amiga Rachelle conseguiu chegar aos dez minutos, mas na época estava noiva havia apenas duas semanas, portanto não sei se isso conta.

Ah, eu sei, eu sei, o sr. John Gray, de *Os Homens São de Marte*, diz que isso acontece porque eles a amam tanto que querem adiantar-se e resolver tudo por você. Talvez. Ou talvez seja porque não consigam suportar a idéia de que nem tudo o que você diz relaciona-se com eles. Que algumas coisas têm a ver com você. Podem me chamar de cínica, mas as únicas pessoas que conheço, capazes de captar esse conceito, são as mulheres e os terapeutas muito bem pagos.

Eu amo muito meu querido marido, ele sempre esteve presente de todas as maneiras possíveis, e é um excelente pai para as nossas filhas. Mas o fato é que os homens não são programados como nós, e se insistirmos em procurá-los para preencher todas as nossas necessidades, acabaremos tão frustradas que, naquela única vez por semana em que nossos pensamentos realmente combinam com os deles, estaremos furiosas demais para fazer qualquer coisa a respeito.

Não sou nenhuma especialista em terapia de casais, porém desconfio de que um dos problemas em muitos casamentos é que, francamente, estamos esperando um pouquinho demais de comunicação com eles. Pense nisso. No passado — no tempo das cavernas ou na década de 1950, a escolha é sua —, as mulheres se juntavam para criar os filhos e tinham chance de conversar. Se houvesse alguma coisa para discutir, elas já tinham dissecado o assunto completamente, antes de os homens chegarem em casa. Os homens recebiam a versão resumida da questão, e era assim que gostavam. Minhas pesquisas informais revelam que eles não mudaram.

Então é isso. As crianças cresceram e os homens estão envolvidos o tempo todo numa névoa, pensando em você-sabe-o-quê, portanto é melhor começarmos a procurar outras conexões. Você já pode estar fazendo isso, mas para a maioria é um pouco mais difícil do que parece.

A ALMA DA FESTA

Se alguém me diz que não quer ir a uma festa, acho que essa pessoa é:

A. Tímida, e não deve ter muita autoconfiança.

B. Esnobe, e se acha melhor do que os outros.

C. Socialmente inadequada.

D. Perfeitamente normal, e precisando de algum tempo sozinha para se reenergizar.

Antes de continuarmos falando a respeito da conexão com pessoas, deixe-me apenas dizer que sei que isso acontece mais naturalmente com algumas do que com outras. Gostaria de partilhar com você alguns fatos sobre a diferença entre introvertidos e extrovertidos. Quando a maioria das pessoas pensa nessas duas palavras, pensa na diferença entre a mulher com um abajur na cabeça, circulando entre as multidões com uma piada na ponta da língua, e aquela pobre-coitada parada num canto da sala, tentando misturar-se ao desenho do papel de parede. Não é nada disso. Houve muitas pesquisas científicas sobre esse assunto, e a conclusão delas é a seguinte: extrovertidos obtêm a energia por meio de outras pessoas, e os introvertidos a obtêm ficando sozinhos.

LAMPEJO

Não se trata da sua capacidade de se socializar, mas sim de como você recarrega suas baterias.

Obviamente, não existe um jeito certo de ser. Mas também vou informá-la de que as pesquisas atuais estimam que os extrovertidos representam cerca de 75% da população, e os introvertidos, 25%. Se quer saber a minha opinião, os introvertidos adquiriram uma tremenda má reputação por causa disso. Não há absolutamente nada de errado em precisar de algum tempo sozinha para se reenergizar. O problema é que a nossa sociedade não permite que você faça isso.

Na verdade, alguns pesquisadores acreditam que seja uma divisão bem próxima de 50/50%, mas a nossa predisposição aos extrovertidos está obrigando um grande número de introvertidos a negar seus instintos naturais e passar para o outro lado. Só posso imaginar o que a Mãe Natureza pensa disso.

Talvez devêssemos chamá-la de Senhora do Óbvio, porque ela sabia que toda essa história de "aquele que fala/aquele que escuta" funciona melhor quando existem representantes de cada um dos lados. Por ter muitas coisas a fazer, ela queria certificar-se de que tanto os caçadores como os plantadores se mesclassem bem. Jamais se conseguiria fazer a colheita ou caçar os porcos-do-mato se todos no grupo quisessem ser o centro das atenções. E certamente não seria possível organizar qualquer esforço comunitário se não houvesse alguém para gritar as ordens.

Não sendo do tipo que vive para o momento, a Mãe Natureza também preocupava-se com o futuro. E um fornecimento contínuo de crianças das cavernas era uma parte essencial do plano. Você conhece aquela antiga expressão "os opostos se atraem"? Bem, caçar e plantar não eram os únicos projetos que funcionavam bem com tipos opostos. As pessoas não tomavam banho naquela época, portanto ela era obrigada a encontrar uma maneira para que ficassem atraídas umas pelas outras.

Sua solução brilhante foi uma divisão meio a meio de extrovertidos e introvertidos para cada sexo. Dessa forma o trabalho é feito e todos nós poderemos ter um par de acordo. É um plano bastante lógico, e tenho certeza de que a Mãe Natureza está completamente estupefata ao ver quanto nós confundimos tudo.

Como isso influencia as nossas conexões? Bem, para começar, você precisa descobrir em qual dos grupos se encaixa. Existe toda uma bateria de testes psicológicos que pode fazer, mas normalmente é bem simples descobrir.

Se você vai a uma festa e conversa com muitas pessoas, tem mais ou menos energia quando a festa acaba? Depois de eliminar fatores como beber demais, gente chata e o ato de equilibrar um copo e um prato enquanto fica de pé, provavelmente saberá a resposta. Mais uma vez, o segredo aqui não é se você sabe conectar-se com outras pessoas, mas sim quanto de esforço lhe é exigido para isso. Por outro lado, se você está passando o dia sozinha, o telefonema de uma amiga será uma distração bem-vinda ou uma interrupção não desejada? Isso pode variar dependendo de quanto está cansada; todos precisam de algum tempo sozinhos, mas de maneira geral os extrovertidos alimentam-se de outras pessoas, e os introvertidos se sentem como se tivessem comido demais.

A dificuldade é que, ainda assim, os introvertidos precisam de conexões. Talvez não precisem de tantas e, sim, será mais difícil fazê-las, mas essa ainda é uma chave importante para a felicidade. Pelo menos de acordo com a minha prima Emily:

> *"Você sabe que sempre fui o tipo de pessoa que gosta de ficar sozinha, algo que ninguém em minha família entende. Meu trabalho exige que eu interaja com pessoas o dia inteiro e, quando chego em casa, tenho as crianças. Às vezes só quero me arrastar para um buraco silencioso. Não mantenho muito contato com meus amigos, porque isso sempre me deu bastante trabalho, mas agora tenho um problema e realmente gostaria de conversar com alguém. Se ligasse para algum deles, teria de explicar tudo desde o início".*

Por mais que o "buraco silencioso" lhe acene, você ainda ficará melhor se tiver alguns relacionamentos. Há algumas coisas que pode fazer para tornar isso mais fácil para ambas as partes.

Para as introvertidas: primeiro, certifique-se de que tem bastante tempo para ficar sozinha. Este pode parecer um conselho contraditório, mas acredite, você jamais terá a energia para fazer quaisquer conexões, a não ser que se permita um tempo para reunir as forças. Espero ter podido ajudá-la a apagar itens suficientes da sua *lista de deveria*, para que sobre tempo para isso.

O passo seguinte é "pegar leve" consigo mesma. As pessoas não esperam que você seja a alma da festa. Todos aqueles extrovertidos estão mais do que satisfeitos em desempenhar esse papel, e precisam de uma platéia. Não perca uma imensidão de tempo preocupando-se com o que vai falar. Lembre-se, sempre que conhecer uma pessoa nova, há duas entre três probabilidades de que ela seja extrovertida. Conseguir falar uma ou outra palavra provavelmente será mais difícil do que passar por algum terrível momento de silêncio.

Outra coisa para ter em mente é que grupos menores talvez funcionem melhor para você. Se puder escolher, não se junte a grupos muito grandes, comece com três ou quatro pessoas. Certifique-se de que seja grande o bastante para que você não precise ficar falando o tempo todo, mas pequeno o suficiente para que consiga fazer conexões verdadeiras.

Como interagir com pessoas vai lhe sugar um bocado de energia, também sugiro que seja bastante seletiva ao escolher com quem vai gastá-la. Se permitir que seu trabalho, seu marido ou seus filhos a esgotem até o caroço, estará se colocando novamente no último lugar da sua própria lista. Essas pessoas talvez sejam aquelas com quem você gasta grande parte da sua energia, mas tente poupar um pouco para outras conexões. Na próxima vez em que começarem a sugá-la até a última gota, mande-as para alguma festa e encolha-se na poltrona com um bom livro. Você estará muito mais energizada quando terminar.

O que me leva à sugestão para as extrovertidas: espero que tenham lido o trecho acima e agora saibam que, embora sejam a maioria, nem todos são iguais a vocês. Se você mora, deu à luz ou trabalha com alguém do outro lado, não considere seus atos ofensas pessoais. Ele precisa de tempo sozinho tanto quanto você precisa estar rodeada de pessoas. Dê um tempo a ele e saia para alimentar-se com outras pessoas do seu tipo por algumas horas.

Você também precisa entender que iniciar conversas não é o ponto forte de todo mundo. Portanto, na próxima vez em que conhecer uma pessoa, não confunda timidez com rabugice. Isso não significa que não vale a pena conhecer melhor essa pessoa. Algumas precisam de mais tempo para se abrir, portanto seja paciente. Nesse caso você estará investindo um capital aqui, pois ter pessoas em sua vida é uma necessidade absoluta, se é uma extrovertida.

Não por coincidência, o confinamento solitário é uma técnica de disciplina eficiente para crianças pequenas e criminosos problemáticos. Quando se extrai energia de outras pessoas, passar muito tempo sozinho esgota as suas reservas, e pequenas e breves interações com meros conhecidos não serão suficientes para preenchê-las novamente.

Um ou dois minutos de conversa ou vários relacionamentos em que você tem de fazer tudo não são suficientes para ninguém, quanto mais para um extrovertido. Você jamais obterá aquela sensação de "sou parte de algo". O que precisa é de relacionamentos verdadeiros.

Você não precisa viver cercada por um séquito de centenas de pessoas. Mas não importa em que lado da balança dos extrovertidos/introvertidos você se encontre, merece ter algumas pessoas em sua vida com quem realmente pode contar.

OS PLANOS DE TERRA-MELHOR

A Mãe Natureza tinha um plano: nós trabalharíamos em coletividade, nos conectaríamos com as crianças das cavernas e uns com os outros, checaríamos um bocado, e saberíamos que tínhamos feito uma diferença sempre que estivéssemos todos vivos para ver o alvorecer de um novo dia. Ótimo. Mas o que devemos fazer no mundo de hoje? Eu sei, vamos jogar nossa vida para o alto, ir morar numa comunidade, e passar os dias catando nozes para o inverno junto com todas as outras mães naturalistas. Candidate-se a isso, se quiser, mas uma semana sem um banho de chuveiro e sem cartões de crédito não é um programa que me deixe muito entusiasmada.

LAMPEJO

Você tem a programação, depende de você o que fazer com ela.

A Mãe Natureza estava preocupada com a sobrevivência, e não com a felicidade no mundo moderno. Pense bem, ela também planejou que os seios fossem itens funcionais para alimentação que murcham depois de usados, e nos deu quadris capazes de suportar dez quilos extras, para o caso de escassez de alimentos. E, alma persistente que é, ela tampouco demonstrou qualquer sinal de desistir desse plano. Quanto mais cedo fizermos as pazes com seus planos, mais felizes seremos.

Como eu disse antes, não quero que você mude a sua vida. Quero apenas ajudá-la a mudar a maneira como se sente a respeito dela. Você não precisa entrar numa comunidade *hippie*. Se quiser conectar-se e fazer uma diferença para as pessoas, pode fazer isso na vida que tem hoje. A sociedade nos desviou demasiado no nosso rumo inventando essa história toda de perfeição e colocando muitos outros obstáculos em nosso caminho. Vejamos se existem alguns poucos lugares onde conseguiremos voltar para os trilhos.

CAPÍTULO QUATRO

Tem Alguém Aí?

"A solidão e a sensação de não ser desejado
são a mais terrível forma de pobreza."

— Madre Teresa

COMO É MESMO O SEU NOME?

Sempre que interajo com outra pessoa, meu primeiro pensamento é:

A. Puxa, outra oportunidade para me conectar com um ser humano.

B. Como será que poderei fazer uma diferença na vida dessa pessoa?

C. Espero que isso amplie as minhas perspectivas sobre a raça humana.

D. Quanto tempo isso vai demorar?

Talvez as mulheres se definam por meio dos relacionamentos, mas certamente é impossível saber disso observando nossa vida. Pelo menos foi o que a minha pesquisa indicou:

"Cheguei a um ponto em que fico relutante até de me envolver com a vizinhança ou com a escola. Isto é, por que me dar ao trabalho, se de qualquer forma vamos nos mudar daqui a dois anos?".

— Cathy, depois de se mudar cinco vezes durante dez anos de casamento.

"Nossa empresa acabou de nos dar este treinamento para o espírito de equipe. Que piada. Todo mundo sabe que eles nos avaliam uns contra os outros antes de nos dar os aumentos. Até parece que vou criar algum laço de amizade com os meus competidores."

— Maddie, depois da última reunião do departamento de vendas.

"Na minha época de infância, todas as mães se reuniam para tomar café à tarde, enquanto as crianças ficavam brincando no quintal. Agora, todas as mães que conheço apenas acenam umas para as outras na fila do trânsito."

— Tricia, referindo-se às vizinhanças nas quais crescemos.

"Eu recebo cinqüenta e-mails *por dia, e cada um deles é de alguém que precisa de alguma coisa imediatamente. Nem consigo me lembrar de quando foi a última vez que alguém perguntou como eu estava passando."*

— Tracy, sobre as suas "conexões" diárias.

"Quem tem tempo de parar e conversar com alguém? Com as crianças e o meu trabalho, mal consigo tempo para respirar. A última coisa que quero é ficar batendo 'papo-furado', quando tenho um milhão de coisas para fazer."

— Debby, sobre por que não faz um esforço com as vizinhas.

"Como posso me abrir e ser eu mesma no trabalho? Sou a chefe, pelo amor de Deus. Com as horas que trabalho e viajo, é de admirar que tenha tempo de ligar para a minha própria mãe. A única pessoa que provavelmente sabe mais a respeito da minha vida, atualmente, é o meu cabeleireiro."

— Donna, argumentando sobre como é difícil fazer amigos.

"Amigos, o que é isso? A última vez que encontrei com amigos todos os dias foi quando estava no colegial."

— Deb, sobre sua atual vida social.

Desde quando as pessoas começaram a sair da nossa lista de coisas a fazer? Ah, ainda temos as crianças, o patrão, o marido. Todos eles estão incluídos na lista porque normalmente querem alguma coisa de nós e não têm vergonha de pedir. Mas é surpreendente o pouco tempo que passamos em quaisquer outros relacionamentos. E acho que isso está nos afetando bem mais do que percebemos.

Para começar, é muito fácil sucumbir à busca pela perfeição quando você tem negado o acesso a pessoas de verdade, que talvez lhe mostrem as coisas de maneira diferente. Vamos ser honestas — você não mensura a sua própria vida comparando-a com a de outras pessoas? Sei que não devemos fazer isso, mas todas fazemos. Não me venha com aquele velho chavão do tipo "não se preocupe com o que o seu vizinho está fazendo, apenas concentre-se no melhor que *você* pode fazer". Sim, certo, este pode ser um belo conselho se você está trabalhando num grupo de artesanato das escoteiras; mas de que outra forma poderá descobrir se é normal, a não ser que tenha algum tipo de ponto de referência?

O problema é que a maioria de nós não tem uma visão suficientemente detalhada da vida dos outros para obter uma imagem acurada. Pense o seguinte: sobre quais amigos você sabe mais? Sobre Rachel e Ross e o restante da turma no café nas noites de terça-feira ou sobre os seus vizinhos do lado? Encare a verdade, nenhuma vida parece muito interessante, se comparada com as aventuras de uma turma de atores jovens, magros e muito bem pagos.

Também posso salientar que, embora você talvez gostasse de conhecê-los, aqueles amigos da tevê não dariam a mínima sobre o que está acontecendo na sua vida. O que me leva a um problema ainda pior que essa desconexão gera — a solidão.

Solidão talvez não pareça a palavra certa para descrever nossa vida agitadíssima. Na verdade, você pode pensar: "Solidão, ela deve estar brincando. Meu maior problema é que não *consigo* ficar um minuto sozinha. O telefone toca sem parar, há uma fila de gente na porta do meu escritório, e as crianças nem me deixam ir ao banheiro sozinha". Pode parecer que a última coisa que você deseja na sua vida é mais gente, porém me deixe perguntar uma coisa: Quantas dessas pessoas são realmente suas amigas? Não quero dizer conhecidos amigáveis, mas sim *amigos*, daqueles com quem podemos contar.

Quem conhece que escuta pacientemente enquanto você fala sobre um problema que está tendo com seus filhos ou com seu chefe? Quantas pessoas iriam apoiá-la se estivesse passando por um momento difícil? A quem você ligaria no meio da noite e pediria para deixar tudo o que está fazendo e ir socorrê-la num momento de crise, sem que nenhuma pergunta fosse feita? E aqui vai a maior: Quem você acha que se levantaria no seu funeral e falaria sobre a diferença que você fez na vida dela?

Talvez você tenha uma lista tão comprida quanto seu braço, mas se for como a maioria de nós, metade da sua própria família nem mesmo chega perto desses critérios.

LAMPEJO

Conhecidos não são o bastante, precisamos de amigos de verdade.

Se o mundo parasse e você caísse para fora, um conhecido poderia simplesmente olhar, mas um amigo se importaria de verdade.

Se você não tem muitos amigos neste exato momento da sua vida, não se censure por isso. Você não é a única, e dificilmente será por sua culpa. Nós temos sido desconectadas em toda parte, desde as nossas vizinhanças, os nossos carros, até a secretária eletrônica infernal que nos atende sempre que tentamos falar com uma pessoa no telefone. A sociedade estabeleceu tantos obstáculos para nós que é um milagre se ainda conseguimos saber os nomes uns dos outros. Se você não tem muitas conexões agora, não é por não ser uma pessoa perfeitamente agradável com a qual os outros adorariam passar mais tempo. É porque o restante do mundo tem trabalhado contra você.

O que podemos fazer a respeito? Bem, a boa notícia é que estamos todos no mesmo barco. A má é que será exigido algum trabalho para se sair disso. Não muito, mas algum.

Nas páginas anteriores eu lhe pedi que se conectasse e fizesse uma diferença, como a senhora da loja de departamentos. Espero que você tenha feito isso. É fácil e pode transformar seu dia para melhor. Agora, vou lhe pedir que dê um passo adiante e invista algum tempo em uns poucos relacionamentos de longo prazo. Creio que você acabará descobrindo que isso vai transformar mais do que o seu dia, transformará a sua vida para melhor.

PARA ONDE

Sempre que quero me conectar com pessoas de maneira significativa, eu:

A. Simplesmente saio de casa, onde estou cercada de vizinhos amigáveis e ansiosos para comentar a última festa do nosso quarteirão.

B. Ligo para o meu chefe, porque ele está sempre ansioso por uma boa e longa conversa acerca do significado da vida.

C. Entro na Internet, porque sei que posso encontrar pessoas de verdade, estando elas mesmas numa sala de bate-papo.

D. Ligo a tevê e mergulho num velho seriado dos anos 1980.

Atualmente existe muita conversa a respeito da falta de comunidade em nossa vida. Mas vamos dar uma olhada na raiz do problema durante os anos que antecederam o escritório virtual.

Pense em como este país foi fundado. Um grupo de pessoas que deixaram suas famílias, seus amigos e todas as suas vidas e entraram em navios que elas podiam ou não saber para onde estavam indo, chegando a uma terra onde não faziam idéia do que as esperava. De quem foi a idéia? De uma coisa você pode ter certeza, não foi das mulheres! Que mulher iria deixar seus amigos e tudo o que conhecia para trás, passar meses sentada num barco apinhado, apenas para acabar tendo de replantar uma horta que já ia indo muito bem em sua terra natal?

Adiante-se um pouco e pense em como o nosso país se expandiu — a nova fronteira, o destino manifesto e coisa e tal. Parece que sempre que alguém desejava perseguir o "Sonho Americano", tinha de cancelar uma parte da América para isso. As forças da sociedade têm tentado nos desconectar desde que o primeiro navio zarpou para o oceano. Hoje as forças estão trabalhando ainda mais contra você, se tentar conectar-se.

Nós moramos num lugar, mas trabalhamos em outro. Os vizinhos mudam como se passassem por portas giratórias. Metade das horas em que estamos acordados é passada dentro dos carros ou em outros meios de transporte. A tecnologia que deveria nos manter "em contato" substituiu as conversas ao vivo. Como podemos sentir que fazemos uma diferença para alguém, quando a maior parte das pessoas com quem interagimos nem mesmo sabe nosso nome?

Não foi sempre assim. Em algum ponto entre a "nova fronteira" e a Internet, sei que existiram coisas chamadas bairros e cidades. Você talvez tenha vivido essa época, mas, para o restante, era assim que funcionava: quase todo mundo trabalhava e morava na mesma comunidade, sua família morava perto, e em todos os lugares para onde se ia, alguém sabia quem você era.

Duvido que fosse um nirvana. Se fosse, ninguém jamais desejaria sair. Meu amigo Steve disse que, na sua pequena cidade no Missouri, sempre que alguém partia para o grande e amplo mundo, diziam que essa pessoa havia "pulado o muro". As pessoas partiam porque talvez não houvesse muita privacidade, oportunidades econômicas ou *shopping centers*, mas ainda assim existia uma grande vantagem nessas pequenas comunidades: as pessoas realmente se conheciam.

Não há como se fazer de perfeita, se todos na cidade sabem que você fez xixi nas calças na terceira série ou que teve de pedir a um primo para acompanhá-la ao baile de formatura. Você não podia reposicionar-se sempre que desse uma volta, porque seus amigos, vizinhos, clientes e colegas eram sempre as mesmas pessoas. Elas testemunharam todos os erros e problemas mais estúpidos que você já teve. Felizmente, mesmo com todos sabendo disso, as pessoas continuavam interagindo com você da mesma forma. E o que é mais importante, algumas pessoas fizeram os melhores amigos de sua vida nessas pequenas cidades e bairros.

LAMPEJO

Ninguém é perfeito num relacionamento de verdade.

Espero que você já tenha jogado no lixo aquela tolice sobre a perfeição, mas caso ainda não o tenha feito, sinto-me obrigada a informá-la de que isso está atrapalhando o caminho para qualquer relacionamento que queira ter.

Para começar, a perfeição tende a ser um esforço bastante solitário, que a deixa com muito pouco tempo e energia para qualquer outra coisa. Além do fato de simplesmente exauri-la, como você pode esperar que alguém realmente a conheça se continua apresentando o seu falso "eu" para o mundo? Não há como conectar-se com as pessoas se você está sempre preocupada com a impressão que pode estar causando.

Mas há um meio ainda mais insidioso de termos problemas com a perfeição. Além de insistirmos em nos comparar com algum modelo impossível, muitas de nós também insistem em fazer o mesmo com as outras pessoas. Já é ruim o bastante nos maltratarmos quando nossa vida não se iguala àquela imagenzinha, mas ainda pioramos tudo descartando toda e qualquer pessoa que também não se iguale a ela.

A ironia dessa situação é que em geral são as imperfeições das pessoas que mais nos unem. Na verdade, abrir-se a outras pessoas é a chave para se perder a perfeição. Uma vez que você desiste de ser o seu falso "eu" e dá a alguém a permissão para fazer o mesmo, então pode iniciar um relacionamento de verdade.

Não foi idéia nossa ficarmos tão desconectadas, tanto quanto não foi abandonarmos os vilarejos e entrarmos naqueles navios. Mas aconteceu então, e está acontecendo agora. Nós permitimos que recados gravados, *e-mails* e imagens de televisão substituam as pessoas de verdade. E o buraco que isso deixou em nossa vida é para onde a perfeição se esgueirou. Não é de surpreender que continuamos esperando que todos façam o mesmo. Isso é tudo a que estamos expostos.

Você não pode ter um relacionamento de verdade com essas imagens falsas, e se realmente quiser fazer uma diferença para as pessoas, acha que fará muito sentido começar com as perfeitas?

Este mundo anônimo dificulta as nossas conexões, portanto não torne tudo ainda mais difícil. Ainda mantendo o espírito de menos trabalho, e não mais, eis aqui uma coisa que você pode riscar da sua lista: pare de se preocupar se todas as outras pessoas atingem os seus padrões. As pessoas que a rodeiam vão insistir em ser elas mesmas, imperfeitas, quer você goste disso, quer não.

Lembre-se, aqueles amigos da tevê parecem ser muito mais interessantes do que as pessoas de verdade, mas existe toda uma equipe de redatores muito bem pagos para se certificarem de que eles sejam assim. As pessoas da sua vida não recebem um roteiro. Estão improvisando, exatamente como você.

Por isso, deixe a turma do café esperar até o seu próximo resfriado e saia para conectar-se com algumas pessoas de verdade. Existem muitos lugares onde encontrá-las, mas você terá de procurar, e talvez tenha de procurar bastante.

HÁBITAT

Escolhi a casa onde moro atualmente porque:

A. Minhas amigas e eu trabalhamos muito para formar uma comunidade, de forma que podemos passar o dia inteiro conversando enquanto vemos nossos filhos brincarem alegremente sob o sol.

B. Fica a um quarteirão da praça central da cidade e me faz sentir muito conectada com a agitação e o corre-corre da vida desenrolando-se à minha volta.

C. Adoro morar num lindo chalezinho, com vizinhos e amigos bem ao alcance da minha mão.

D. Era o que eu podia pagar.

Não há lugar pior em matéria de desconexão do que aquele onde moramos. Talvez não estejamos sozinhas numa campina, mas existem tantas barreiras físicas que nos fazem sentir como se estivéssemos.

Veja a maneira como os bairros são estabelecidos. JoAnn e eu moramos no subúrbio e já reparamos que é totalmente possível viver durante anos na mesma casa e nunca encontrar pessoa alguma, incluindo o vizinho do lado. Por quê? Porque as pessoas que planejaram as subdivisões tiveram, até recentemente, a mentalidade do tipo "agarre o que é seu", em vez de pensar nas conexões.

Em primeiro lugar, apenas olhando no meu próprio bairro, as casas são literalmente desconectadas. Não existem calçadas. Para chegar à casa de alguém, você precisa andar pela rua. Também não existem mais varandas na frente. Todas as atividades da casa acontecem nos fundos, onde ninguém pode ver nada, ainda mais se você tiver as altamente cobiçadas cercas de privacidade suburbana que são a versão moderna dos fossos medievais. Essas cercas gritam: "Esta terra é minha, nem se atreva a invadir!". Deve ser muito importante possuir uma delas, porque tive bastante trabalho em conseguir algo menos do que isso.

Minha casa está situada numa esquina, de forma que o meu quintal fica bem ao lado da rua. Nós decidimos que queríamos colocar uma cerca. Bem, chamei o sujeito das cercas e, enquanto estava no processo de explicar que queria uma cerca baixa, ele não parava de me interromper. Obviamente eu não devia estar entendendo. "As pessoas ainda poderão olhar aqui dentro, da rua", ele dizia. "O que a senhora precisa é de uma cerca alta, para ter toda a privacidade." "Não", eu expliquei. "Aqui está uma foto de uma cerca branca, exatamente como a que eu quero." "Mas, dona, a senhora não está entendendo. A cerca menor não vai ficar mais barata, porque a madeira já vem pré-cortada. Pelo mesmo preço, posso fazer uma cerca muito mais alta, e será muito melhor."

No quarteirão onde moro as ruas não vão dar em parte alguma, portanto todos que passam ou são vizinhos ou pessoas que vêm visitá-los. Embora não existam calçadas, de vez em quando alguém passa caminhando. O que aquele cavalheiro não entendia era que eu realmente queria que as pessoas nos vissem e, Deus nos livre, nos cumprimentassem. Se você já foi para o quintal brincar com seus filhos por um determinado período de tempo, com certeza já percebeu que se cansa disso muito antes deles. Atrevo-me até a dizer que fica entediada. Assim, se seguisse o conselho daquele sujeito bem-intencionado, lá estaria eu no quintal, entediada e sem nem mesmo a esperança de que alguém pudesse passar e falar um "oi", porque estaria, para todos os efeitos, sozinha e completamente desconectada. E ainda se admiram que às vezes perdemos a paciência com as crianças.

Além disso, eu sou uma mulher de 37 anos, mãe de duas crianças, morando no subúrbio; o que poderia estar fazendo no quintal que desejaria manter escondido dos olhares curiosos dos vizinhos? Na última vez que chequei, minha casa ainda tinha portas e cortinas. Se realmente quero fazer algo imoral ou ilegal, espero ter o bom-senso de fazê-lo lá dentro.

Agora pense nas garagens e nas suas portas automáticas. Não sei quanto a você, mas eu sou preguiçosa demais para sair do carro a fim de abrir a porta da garagem todas as vezes que entro e saio. Meus pais também eram preguiçosos, mas eles não tinham esses aparelhinhos tão úteis, por isso simplesmente deixavam a porta aberta o tempo todo. De vez em quando viam um ou outro vizinho enquanto entravam no carro ou saíam. Agora que me lembro disso, a verdade é que tínhamos tanta "tranqueira" que deixávamos o carro na entrada e usávamos a garagem como depósito. Não é de admirar que conhecíamos todo mundo nas redondezas.

Se você é como a maioria, provavelmente a sua casa é um pouco maior do que aquela onde cresceu. Em face disso, esse parece ser um enorme progresso. Acredite, dividir um quarto com uma criança pequena durante a adolescência não tem um lugar de destaque na lista de belas lembranças da infância que eu gostaria de recriar para as minhas filhas. Mas existe um lado negativo nisso. Quando todos possuem o seu espaço privado dentro de uma casa, ninguém precisa deixá-lo.

Se sua infância foi como a minha, mamãe estava sempre enxotando as crianças para fora, ou ela mesma fugindo para lá de vez em quando. A família inteira não cabia confortavelmente dentro da casa, portanto algumas das pessoas conduziam uma grande parte da sua vida no lado de fora, interagindo com o resto do mundo.

Mesmo que mamãe tivesse tolerado as crianças descalças, duvido que ficaríamos muito tempo no interior da casa. Minhas lembranças das opções que tínhamos dentro de casa são uma pequena tevê que pegava apenas três canais, um baralho, um jogo de Monopólio e um telefone cujo uso era limitado a, no máximo, dois minutos. Era bom mesmo que meus pais conhecessem todos os vizinhos. Onde mais poderiam nos encontrar? Atualmente, se você quer saber onde estão as crianças, irá encontrá-las plugadas no telefone, no computador ou nos *videogames.*

Às vezes não é uma casa maior que nos desconecta, mas uma terra maior. Aquelas mulheres que levam uma vida rural sabem exatamente do que estou falando. Quem precisa de uma cerca alta, quando uns poucos hectares garantem toda a privacidade que se deseja? A vida no campo soa como uma pacífica fuga das pressões da vida moderna, mas como conectar-se com pessoas se você precisa dirigir durante quinze minutos para encontrar alguém?

Já conheci algumas famílias que escolheram essa rota e, ao que parece, normalmente é o homem que mais se apaixona pela idéia. Meu próprio marido diz que de fato existe algo bastante "másculo" em se possuir grandes extensões de terra. "A terra é o bem mais tangível que se pode ter", ele diz. "É mais permanente do que o dinheiro no banco." O fato de isso ser visível a todos os seus amigos também ajuda. Exibir o extrato bancário para os convidados ficaria um pouco estranho.

Os subúrbios e os campos impõem barreiras físicas à conexão, mas a vida na cidade tem os seus próprios obstáculos. Talvez as pessoas tomem alguma iniciativa de se conhecer num bairro, mas se você mora num prédio de apartamentos, não espere muita coisa. Os vizinhos nos subúrbios muitas vezes são forçados a interagir para manter a comunidade funcionando, como planejar as decorações de Natal, cortar a grama comum, e coisas assim. Mas num apartamento essas responsabilidades recaem em outras pessoas. Acha que a entrada do prédio está feia? Não precisa marcar uma reunião de proprietários, basta reclamar com o administrador.

É bastante difícil juntar um grande espírito de comunidade quando a sua comunidade consiste em centenas de estranhos cruzando-se nos carros ou bicicletas ou andando apressadamente com um telefone celular pregado no ouvido. Quando se está rodeado de tantas pessoas, é quase impossível selecionar apenas umas poucas. Minha amiga Terri mora num apartamento em Nova York e diz: "Só conheço dois outros casais no meu prédio. E o único motivo de conhecê-los é porque estão sempre fumando na escada". Acho que andei vendo episódios de *Seinfeld* demais. Achava que a vida na cidade significava trocar boas risadas na lanchonete da esquina em noites alternadas. Aqueles que vivem em cidades grandes dizem que é mais uma mentalidade de "cada um por si". Cumprimente um estranho, em algumas cidades, e o melhor que vai receber em resposta é um olhar desconfiado, enquanto ele tenta descobrir se você é um turista ou um assassino psicopata.

Uma vez que você combinar todas essas barreiras físicas e sociais com o fato de que precisamos entrar num carro para ir a qualquer lugar que desejamos, não é de admirar que muitos de nós vivemos entre estranhos. Você talvez resida em alguma linda cidadezinha onde todas as casas dão de frente para a praça e a vitrina da loja da sua família seja enfeitada em todos os feriados comemorativos. Se for assim, tenho inveja de você, mas, para o restante de nós, as comunidades não são mais os paraísos de conexões que costumavam ser.

Nossas cercanias mudaram, e também nosso estilo de vida. Duvido que possamos recriar a *"Cleaver Land"* neste século. Nem tenho certeza se queremos fazer isso. Minha amiga Ann diz: "Ah, me poupe, até parece que vou sair por aí e ficar batendo papo com alguma desconhecida na rua. Eu tenho bons amigos que não vejo há meses. Se tivesse tempo para uma vida social, seria com eles".

Percebo agora que, de fato, meus pais queixavam-se de muitos dos vizinhos. E não inventávamos aqueles jogos de esconde-esconde com todas as crianças do quarteirão porque sabíamos que as crianças pequenas precisavam de exercício. Era porque estávamos entediadas! Mamãe não era muito amiga dos vizinhos por eles serem tão estimulantes intelectualmente. Ela não conhecia mais ninguém! Diabos, metade das mães do meu antigo bairro nem mesmo tinha carro. Não podiam ir a lugar algum, mesmo que quisessem.

Se você tem muitos amigos no outro lado da cidade, com quem passa bastante tempo, ótimo. Mas só porque não somos mais obrigadas a fazer isso não significa que não vale mais a pena ter ao menos algumas dessas conexões com vizinhos. E foi o que JoAnn descobriu.

Ela mudou-se para uma casa nova poucos anos atrás. Seu filho já estava crescido, portanto eram apenas ela e o marido. Escolheram uma casa que ficasse perto do trabalho de ambos, e próxima do centro da cidade. Era uma ruazinha agradável, com cerca de quinze casas. JoAnn tinha seu belo emprego de vice-presidente e viajava o tempo todo, e a agenda do marido também era frenética. Nos fins de semana eles gostavam de sair para visitar o filho, trabalhar no jardim ou fazer compras nos antiquários da região. Eles iam e vinham em seus carros, acenando e cumprimentando os vizinhos ao longo da rua. Em suma, tinham uma vida realmente agradável.

E então veio o tornado. Foi o pior que já surgira, e passou com toda a força através do bairro de JoAnn. De acordo com ela, estar no meio de um tornado é muito diferente do que vê-lo nos filmes.

"O barulho era ensurdecedor. Era como se a casa inteira estivesse gritando. Corri para o porão no instante exato em que o tornado nos atingiu com toda a força. Eu gritava pelo meu marido, mas não conseguia enxergar nem ouvir nada. Era como se a casa estivesse sendo cortada ao meio, bem acima de mim. Nunca tive tanto medo em toda a minha vida."

Bem, ela sobreviveu a isso, e também todos os seus vizinhos. Depois que terminou, todos saíram para a rua a fim de verificar os danos. Telhados tinham sido arrancados, os fios de eletricidade espalhavam-se pela rua, árvores caíram sobre as casas e havia janelas quebradas em toda parte, porém as pessoas estavam bem. Todos os vizinhos reuniram-se no meio da rua, para esperar socorro.

JoAnn não encontrou sua alma gêmea naquela noite, mas realmente passou a conhecer um pouco melhor as pessoas que a rodeavam. Como ela diz: "Não há muito o que fingir quando se está de pijama às duas da madrugada".

A partir daí passou a haver mais do que um aceno ou cumprimento breve, e às vezes as pessoas realmente conversavam. E quando JoAnn viu um carro da polícia parado na frente da casa da mulher que morava no fim da rua? Eis o que ela diz:

> *"Fiquei muito preocupada de haver lhe acontecido alguma coisa. Ali estava alguém que eu nem mesmo conhecia poucos meses atrás, e agora eu estava pronta para bater na porta dela e perguntar se estava tudo bem. Liguei para a mulher no instante em que o carro da polícia foi embora. Enquanto ela falava comigo, três outros vizinhos também tentaram ligar".*

O que aconteceu foi que a mulher tinha de dar uma declaração a respeito de algo que ocorrera em seu trabalho. Desconfio que se isso tivesse acontecido antes do tornado, os vizinhos teriam presumido o pior, e as fofocas correriam soltas sobre em que tipo de problema a mulher teria se metido. Duvido que alguém teria ligado para saber o que realmente acontecera.

LAMPEJO

Quando as pessoas não a conhecem, é muito pouco provável que se ofereçam para ajudá-la.

Pense o seguinte: o que você prefere que as pessoas pensem se você sair da sua casa correndo e gritando?

Aquela mulher estranha parece uma louca assassina — tranque a porta.

OU

Aquela é a minha vizinha — é melhor ir ajudá-la.

Eles podem ser chatos, barulhentos, intrometidos, e colocar objetos inadequados em seus jardins, mas os vizinhos têm uma grande vantagem acima de todas as outras pessoas. Eles estão ali. Não importa se você mora num condomínio de luxo, num prédio de apartamentos ou num *trailer*, seus vizinhos vão testemunhar as idas e vindas da sua vida, quer você goste, quer não. São também as únicas pessoas que podem chegar à sua casa em questão de minutos ou ver que a sua filha de quatro anos está andando sozinha na rua. Você vai se sentir muito mais conectada se os conhecer.

Além de tornar a sua vida um pouco mais segura, simplesmente é melhor conhecer as pessoas à sua volta. Se quiser alcançar aquela sensação de "sou parte de alguma coisa", a sua própria vizinhança não é um bom lugar para obtê-la? Também já descobri que se pode aliviar um pouco a pressão da vida familiar. Se você precisa de uma fuga, o rosto amigável no outro lado da rua é muito mais acessível do que seu terapeuta. E é impressionante quantas coisas preciso pedir emprestadas, quando meus sogros me visitam.

Sei que a gente não escolhe os vizinhos. Mas também posso adivinhar que alguns dos seus melhores amigos de infância tinham mais a ver com a proximidade da sua casa do que com a sua capacidade de selecionar uma compatibilidade ideológica numa idade tão tenra. Por isso, antes de começar a apontar tudo o que há de errado com eles e como vocês não têm nada em comum, deixe-me lembrá-la de uma coisa: estamos procurando uma saída para essa confusão desconectada, e padrões elevados demais servirão apenas para mantê-la trancada nisso.

Detesto destacar o óbvio, aqui, mas o fato de que você escolheu morar no mesmo lugar em que eles realmente significa que têm mais coisas em comum do que pensa. Portanto não fique esperando por algum desastre natural, descubra qualquer que seja esse "algo" em comum — a praia, a escola, ou a mesma tediosa rodovia pela qual vocês passam todos os dias para ir ao trabalho — e utilize isso como ponto de partida.

Caso você seja realmente ambiciosa e se sinta motivada a planejar uma festa para todo o quarteirão, vá em frente. Mas, antes de fazê-lo, tenha em mente: o importante é a conexão, não a perfeição. Guarde os "Momentos Martha" para um chá de cozinha.

Lembre-se, fazer amizade com uma ou duas vizinhas pode fazer uma diferença. Na próxima vez em que encontrar uma de suas vizinhas, saia da sua casa, abra a porta da sua garagem, pule a sua cerca de privacidade e cumprimente-a. Isso não vai matá-la. Dentro da sua casa existe uma mulher realmente interessante. Pode haver uma no outro lado da rua também.

OLÁ, MEU NOME É...

Eu moro num lugar onde:

A. Minha família estabeleceu-se há gerações e a cidade recebeu o nosso sobrenome.

B. Sou um pilar da comunidade e consultada para todos os assuntos cívicos.

C. Todos me conhecem e gostam de mim desde que eu estava no primário, por isso sou naturalmente bem-vinda aonde quer que eu vá.

D. Consegui arranjar um emprego.

Como se nossa vida já não fosse suficientemente difícil, muitas de nós pioram as coisas juntando tudo e se mudando a cada poucos anos. As famílias modernas talvez não sejam capazes de fixar-se no campo, mas ainda podem desenraizar sua vida inteira a cada ano em busca de novos horizontes. Agora simplesmente chamamos isso de transferência. Se você já teve de encarar uma delas, então sabe quanto pode ser difícil. Sobretudo se a idéia não foi sua.

Como disse minha amiga Renae:

"Tenho caixas espalhadas por todo lado. Preciso organizar a casa, manter o bom humor das crianças e encontrar um time de beisebol que aceite um novo jogador no meio da temporada. Preciso ser a alegre "líder da torcida" da família inteira, quando eu nem queria me mudar, para começar. A vida de meu marido continua a mesma. Ele tem todos os seus amigos e sai para trabalhar todos os dias. Sou eu quem tem de começar tudo de novo".

LAMPEJO

Quanto mais depressa você se conectar, mas fácil será.

A mudança é sempre difícil para todo mundo, mas acho que é mais difícil para as mulheres. Não importa se o plano foi seu ou dele, a mulher ainda é aquela que arruma a casa e faz com que a família retome o ritmo do cotidiano. E se isso não bastasse, é também a mulher que normalmente estabelece a vida social da família. Detesto ter de lhe dar a má notícia, aqui, mas a única maneira de ter uma vida social é se você for procurá-la.

Eu prometi não acrescentar nada à sua lista, a não ser que retirasse alguma coisa, portanto deixe-me dizer que sou uma testemunha viva do fato de que uma família pode viver indefinidamente com caixas fechadas no porão, que nada de ruim vai acontecer por causa disso. Procure amigos, e não a porcelana. E não dificulte as coisas para si mesma antes de mudar.

Já testemunhei algumas poucas compras e vendas na minha vizinhança e acho que algumas mulheres podem estar atirando no próprio pé sem nem mesmo perceber. Se estiver comprando uma casa ou negociando um aluguel, tenha em mente que o vendedor com quem você está sendo tão agressiva estará relatando aos vizinhos cada detalhe das negociações. Uma família no meu bairro acabou de vender a casa e, no decorrer das negociações, as opiniões acerca dos compradores, amplamente divulgadas, foram desde "Parece um casal simpático" até "Aqueles abutres que estão sugando cada última gota". Não estou dizendo que você não deve conseguir o melhor negócio possível, mas talvez seja melhor pensar duas vezes antes de pedir ao proprietário que remova cirurgicamente cada mancha de óleo da entrada da garagem.

Lembra-se de quando você era criança e uma família nova se mudava para o seu bairro, ou uma criança nova aparecia na escola? Era um acontecimento importante, pois ocorria apenas de vez em quando. Atualmente, a América corporativa está enviando gente de um lado para outro do país, como se fossem pacotes despachados pela FedEx. Ficamos tão indiferentes a isso que quando um cartaz de VENDE-SE aparece na frente de uma casa, só nos preocupamos com o preço.

Na minha opinião, a não ser que seja para estar mais perto da família e dos amigos, qualquer mudança deve ser objeto de intensa análise de todas as partes envolvidas. Mesmo se for uma boa idéia, não espere que seja fácil. Certamente não foi para Angie.

Eu a conheci no ano passado, quando ela se casou com o pai de uma das amigas da minha filha. Ele criava a menina sozinho, portanto todos ficaram contentes ao ver uma mulher entrando no cenário. Também estávamos todos ocupados com nossa própria vida e não dedicamos a ela, ou ao lugar de onde ela veio, muita atenção. Ouvimos dizer que era professora e conseguira um emprego numa escola local, mas, além disso, um "olá" de vez em quando era o máximo de comunicação que nós tínhamos. Depois de um ano inteiro, fico até envergonhada de admitir, finalmente fiz algum esforço para conhecê-la de verdade. Acabei sabendo que ela se casou depois de um namoro de dez meses a distância. Nunca se casara antes, portanto saíra de um *status* de solteira e livre em

Chicago para o de mãe suburbana em Atlanta, num único golpe. Ela descreve o que passou:

"Eu sabia que seria difícil, mas nunca imaginei que fosse tanto. Morava bem perto do meu pai, e costumávamos nos encontrar pelo menos uma vez por semana. Eu tinha uma grande amiga, com quem fazia tudo, e era a líder de equipe na escola onde trabalhava. Sabia que iria sentir falta de todas essas coisas, mas não me dei conta de que sentiria falta de tudo o mais, também. Foram essas pequenas coisas diárias que tornou tudo pior. Numa semana eu conhecia todo mundo na cidade, sabia onde era o melhor lugar para tomar um café e os melhores bares e restaurantes para uma noitada de sábado. Na semana seguinte, nem conseguia encontrar o caminho para o supermercado, e rapidamente descobri que quem tem filhos não se preocupa muito em sair para bares e restaurantes nos fins de semana.

"Achei que me sentiria mais em casa quando começassem as aulas, mas com as crianças me chamando por um sobrenome com o qual ainda não havia me acostumado, me senti como uma completa estranha. No meio do ano, uma professora solteira começou a trabalhar na escola, e imediatamente todas as outras solteiras começaram a chamá-la para sair e fazer coisas juntas. Creio que todas elas presumiram que, porque eu tinha uma família, não estaria interessada. As professoras casadas estão todas envolvidas com suas famílias, portanto acabei não fazendo parte de nenhum dos grupos. Todos os dias eu ia para casa aos prantos.

"Demorou um bom tempo, mas finalmente estou me acomodando. Já fiz algumas amizades na escola e na vizinhança. Claro que estou feliz pela decisão que tomei, afinal encontrei um ótimo marido e ainda ganhei uma criança maravilhosa. Mas, sem dúvida, estou contente por aquele primeiro ano ter terminado".

LAMPEJO

Talvez você não precise da conexão, mas alguém mais está precisando.

Você quer fazer uma diferença na vida de outra pessoa? Tente aproximar-se daquela garota nova. Não sei se ela é uma colega de trabalho, uma vizinha ou a mãe de um dos amigos dos seus filhos. Só porque estamos tão "calejadas" por ver gente nova chegando e partindo não significa que essas pessoas precisem de menos apoio.

É impossível não me perguntar se a turma das mamães não se apressou a receber Angie em seu círculo por ela ser um pouco mais jovem e mais atraente do que a maioria de nós. O fato de ela aparecer no piquenique da escola usando um short curto provavelmente não ajudou muito a sua causa, também. Mas como ela poderia conhecer a nossa regra implícita de sempre estarmos desarrumadas em todas as atividades em que os filhos estejam presentes?

Você quer livrar-se da perfeição? Bem, então pare de ser tão crítica. Em nenhum momento a perda das nossas idéias preconcebidas sobre como as coisas deveriam ser é tão importante quanto quando conhecemos uma pessoa nova. Tenha sempre em mente que elas ainda não conhecem as regras. E recebê-las com uma série de regras na mão é uma péssima maneira de começar.

Lembra-se da vizinhança de JoAnn, conectada recente? Aparentemente essa sensação de amizade não se estendeu aos recém-chegados. Logo depois do tornado, a casa no fim da rua foi vendida, e uma família que parecia muito simpática se mudou. Mas então, horror dos horrores, a primeira coisa que fizeram foi colocar um balanço no jardim da frente. Esse pequeno "toque" doméstico não contou com a aprovação dos vizinhos. Um balanço? No jardim da frente? E bem na esquina, um local onde todos passavam para entrar no bairro. Para piorar ainda mais as coisas, eles colocaram também um conjunto de mesa e cadeiras de metal, de aparência comum, bem ao lado do balanço.

Ora, aquilo já era demais! Pela maneira como reagiram, podia-se pensar que aqueles vizinhos fossem os editores da revista *Belos e Inúteis Jardins*, em vez de um bando de proprietários de classe média. Decidiram que, em vez de conversar com os novos vizinhos, iriam lhes mandar uma carta. Assim, em lugar de ser recebidos com um mínimo de gentileza pela nova vizinhança, essa família recebeu uma carta determinando que o balanço e a mesa eram impróprios para o jardim da frente. Que eles fizessem o favor de removê-los e deixassem de depreciar o valor da propriedade dos outros.

Ninguém sabia de onde aquela família viera, qual era a sua situação, e ainda assim todos pularam por cima dela pelo fato de ter quebrado suas regras. Ninguém, naquele comitê pelo embelezamento do bairro, incomodou-se em reparar que a única árvore daquela casa ficava no jardim da frente. Pelo que sabiam, os pais até poderiam achar o balanço horrível, mas o colocaram apenas porque prometeram às crianças que poderiam levá-lo para a casa nova. Quanto à mesa e às cadeiras, talvez tivessem pensado que, Deus nos livre, alguns dos vizinhos poderiam gostar de reunir-se a eles no jardim.

Você tem todo o direito à sua própria opinião no que se refere a códigos de vestuário ou de objetos expostos no jardim. Mas se esperar que todo mundo se sujeite a eles, vai acabar frustrada e sozinha. Ler às pessoas a lista de regras relacionadas aos seus costumes locais não fará que simpatizem com você. E se as informar por uma carta ou com um olhar de reprovação, acho que descobrirá que esses métodos são bastante contraproducentes. Não apenas fazem com que a pessoa se sinta péssima mas também haverá muito pouca probabilidade de o seu costume ser obedecido. Nesse caso, o balanço e a mesa permaneceram no lugar, mas duvido que a família tenha passado ali um momento sequer de descontração e divertimento, desde então.

Com umas poucas experiências como essa, não é de admirar que não tentamos nos conectar com outras pessoas. Lembra-se daquele bom carma que você esteve espalhando através da loja de departamentos? Veja se restou um pouco para usar no seu próprio quintal. Na próxima vez em que alguém se mudar ou se juntar a qualquer grupo a que você pertença, passe um pouco de tempo tentando conhecer a pessoa, antes de concluir se ela vai ou não se encaixar. Se tiver um mínimo de inteligência, em pouco tempo ela acabará descobrindo a maneira como as coisas funcionam.

Porque você já desistiu de tentar manter uma imagem perfeita, não precisa levar um bolo nem usar a sua melhor roupa quando for visitá-la. Posso apostar que Angie não se incomodaria nem um pouco se alguém aparecesse usando um moletom velho e rebocando uma criança desarrumada. Tudo o que você precisa fazer é aproximar-se da pessoa e dizer: "Sei que deve ser difícil começar num lugar novo, o que posso fazer para facilitar um pouco as coisas?". Acredite, ela não lhe pedirá que arrume o armário da cozinha, provavelmente vai apenas perguntar onde fica a lavanderia mais próxima. Desde que isso não exigirá nenhum planejamento antecipado e ocupará apenas cinco minutos do seu tempo, sugiro que o faça mais cedo do que mais tarde. Seria ótimo chegar à frente do "comitê do deveria".

O que me leva a outra questão: se você é a pessoa nova, não confunda uma ou duas pessoas negativas como uma amostra representativa. JoAnn diz que os vizinhos avançaram sobre a nova família como se fossem mosquitos procurando sangue novo. Já haviam alienado todos os demais, por isso precisavam encontrar alguma "carne fresca". O restante de nós, que temos uma vida, talvez não nos apresentemos tão depressa, mas dê-nos um tempo, estamos chegando.

Apenas para constar: JoAnn não assinou aquela carta, mas algumas semanas se passaram antes que fosse até lá para conhecê-los e dar-lhes as boas-vindas. Uma vez que começou a conversar com eles, acabou descobrindo que, como seria de esperar, estavam bastante magoados com a tal carta. Mas também mostraram-se receptivos à delicada oferta de JoAnn para algumas "sobras" de mudas de plantas que ela possuía em casa, e que poderiam esconder o balanço. Quem você acha que se conectou e fez uma diferença?

Facilite as coisas para si mesma e para todos os demais; tomar o caminho mais alto é muito mais agradável.

REBELDE COM UMA CAUSA

Penso num templo de orações como o lugar onde:

A. Todo mundo usa suas melhores roupas.

B. Sempre penso em ir, mas nunca consigo acordar cedo o bastante para chegar na hora.

C. Ameaço as crianças o tempo todo, para que pelo menos uma vez se comportem direito.

D. Posso ser eu mesma, em meio a um grupo de amigos que não vão me julgar.

A maioria de nós recebeu algum tipo de educação religiosa durante a infância. Fosse na escola hebraica, fosse em um grupo de juventude, fosse por estudos da *Bíblia* durante as férias, ou mesmo num domingo ocasional, normalmente fomos criados como sendo alguma coisa. Para muitos, essa "alguma coisa" não teve tanto poder de permanência, quando não havia ninguém por perto para reforçá-la. Esse é outro item da *lista do deveria* que não conseguimos completar muito bem.

Ouvi dizer que igrejas, sinagogas, templos e tudo o mais, estão experimentando um ressurgimento dos seus membros, ultimamente. Os líderes religiosos podem afirmar que isso acontece porque estamos todos no meio de uma crise moral. Ou talvez estejamos começando a entender que queremos que nossos filhos recebam os mesmos ensinamentos que nós. Creio que um outro motivo para essa popularidade renovada é que estamos procurando algumas conexões. Queremos ir a um lugar com uns poucos seres humanos que se importam se aparecemos ou não. Se você se sente desconectada em sua vizinhança ou na comunidade, uma igreja ou sinagoga parecem os lugares óbvios para se procurar algo melhor. Mas eu tampouco contaria com encontrar conexões com tanta facilidade no seu templo de orações. Pelo menos não num primeiro momento.

Muitas congregações atuais são tão grandes que você teria uma probabilidade maior de conhecer a pessoa que senta ao seu lado num concerto de *rock*. Você pode chegar, cantar, rezar, ajoelhar, meditar, ou seja o que for, sem nunca fazer um contato visual com uma única pessoa. Um pastor amigo meu, Mark, também já reparou nisso. Ele diz que algumas pessoas da sua congregação estão mais empenhadas na prática do "olá" do que da fraternidade. "Elas sorriem e se cumprimentam, mas muitas não se dão ao trabalho de realmente se conhecerem." E isso é com os freqüentadores regulares; as coisas ficam piores se você ainda está procurando onde se encaixa melhor.

Você acha que é difícil descobrir quais são os costumes sociais de uma nova comunidade? Pois tente ir a uma nova igreja. Já é suficientemente confuso lembrar-se de quando deve ficar de pé, se ajoelhar ou rezar, mas você também tem de saber como deve se vestir, o que vai dizer e assim por diante, para não passar vergonha. Uma coisa é seguir os preceitos de uma determinada fé, mas já reparei que normalmente existem muitas outras regras.

Ah, eu sei, pressupõe-se que se trata de um relacionamento pessoal entre você e um ser divino, mas não venha me dizer que não existe um bocado de perfeições rodeando cada igreja. A parte triste disso é que muitas pessoas estão se descobrindo desconectadas no único lugar onde deveriam ser incondicionalmente reconectadas.

Meu amigo Mark fala-me sobre uma situação que teve de enfrentar em sua congregação. Parece que algumas das adolescentes estavam freqüentando o culto com trajes que certas pessoas achavam inadequados para a igreja. Essas pessoas foram procurá-lo e perguntaram se ele poderia dar um jeito naquilo. Talvez os ministros da igreja não devessem ficar zangados, porém Mark ficou.

"Lá estavam elas, meninas adolescentes que tinham acordado cedo num domingo para ir à igreja, e aquelas pessoas queriam hostilizá-las por causa das roupas que estavam usando? Elas não se davam conta da sorte que tínhamos pelo fato de as meninas estarem lá. Se eu começasse a implicar com isso, elas nunca mais voltariam."

Creio que não sou a única que acha que a atitude de "santidade" é mais do que um pouquinho irônica na igreja.

LAMPEJO

A fé tem a ver com aceitação, e não com rejeição.

Lembra-se daqueles mosquitos negativos que enxamearam sobre os recém-chegados? Bem, muitos deles sobrevoam as igrejas também, e não há nada como um bom punhado de regras para mantê-los acesos. É uma pena quando não há um Mark por perto para controlá-los.

Mas nem todos permitem que essa "turma" atrapalhe seu caminho. Algumas pessoas podem encontrar sua fé, não importa o que aconteça. Minha amiga Beth é assim.

Beth é inteligente e divertida, e foi a vizinha preferida de todos durante os dois breves anos em que morou na minha rua. Posso apostar também que existem pelo menos uma centena de outras mulheres, por toda a América, que dizem exatamente a mesma coisa sobre a maravilhosa Beth.

Enquanto o marido subia os degraus para o sucesso numa corporação, Beth teve de se mudar com a família a cada dois anos, durante seus catorze anos de casamento. Foram sete casas, sete escolas, sete caminhões de mudança e sete vezes em que teve de despedir-se e começar tudo de novo.

Como ela descreve:

> *"Todas as vezes que chego a uma nova cidade, é a mesma coisa, tudo de novo. As crianças não querem começar na escola nova, meu marido fica todo estressado com o novo trabalho, e tudo recai nas minhas costas".*

Como Beth me contou, ela estava prestes a enfrentar a oitava mudança, e isso era mais do que poderia suportar. Além de vários sórdidos detalhes, havia outros problemas que não se restringiam apenas às mudanças. O divórcio já fora discutido, e Beth estava pensando em deixar que o marido fosse embora sozinho.

Mas Beth tinha dois filhos e, como muitas mulheres, eventualmente estava falando sério quando prometera que seria "para os bons e para os maus momentos". No dia em que a imobiliária colocou o cartaz de vende-se na frente da sua casa, eu soube que ela se decidira. Eles iriam partir, e partiriam como uma família.

Pobre Beth, eu pensei, ela vai ficar sozinha outra vez. Sabe o que ela me disse?

> *"Eu vou, mas não vou sozinha. Há uma coisa que tenho carregado comigo para todos os lugares onde já morei, que é a minha fé. Às vezes é a única companhia que tenho, mas está sempre presente e nunca me deixou na mão. Ela me aguarda ao final de um longo dia, e sempre posso procurá-la quando mais preciso."*

Talvez Beth não tenha tido nenhuma dificuldade para encontrar sua fé, porém muitas de nós realmente precisamos de um endereço concreto por onde começar. Com a movimentação das pessoas nas comunidades, deveria existir ao menos um porto conhecido e seguro. Todos merecem ter um lugar em que sejam aceitos, não importa o tamanho da tempestade. Minha madrasta Judy encontrou dez desses portos, ao longo dos anos. Ela própria circulou pelo país algumas vezes, e foi devido a algo bem pior do que uma transferência de trabalho.

Antes de conhecer meu pai e de se casar com ele, Judy passou pela "agradável" experiência de ser casada com um alcoólatra, durante trinta anos. Em vez de desistir da bebida, esse sujeito achava que a resposta aos seus problemas era mudar de cidade a cada dois ou três anos. De alguma forma, esses recomeços nunca pareciam incluir um emprego remunerado da parte dele. Dessa maneira, além de ter de arrumar a mudança, mudar-se e estabelecer-se numa nova cidade, Judy sempre tinha de procurar um emprego no instante em que chegava.

A mudança para a Califórnia foi a última gota:

"Nós estávamos morando em Michigan e era a primeira vez na nossa vida de casados que eu me sentia realmente estabilizada num lugar. Meu marido não havia encontrado trabalho, mas eu morava perto das minhas irmãs e tinha um ótimo emprego, portanto era o melhor que já tivera desde então. Certo dia ele chega em casa, depois de ter ido 'procurar emprego' mais uma vez, e diz que achava que estaríamos melhor na Califórnia. Ele simplesmente sabia que poderia encontrar um emprego lá, pois a economia estava melhor. Eu era enfermeira, portanto poderia trabalhar em qualquer lugar, fez questão de acrescentar.

"Eu não queria ir, como nunca quisera fazer as outras mudanças, mas que escolha tinha? Meu marido continuava dizendo que as coisas iriam melhorar. Acho que eu sabia que provavelmente nada ficaria melhor, porém queria tanto acreditar nisso que acabei concordando com os planos dele. Não estava pensando apenas em mim, mas sobretudo em nossa filha. Ela merecia uma família feliz, e eu continuava achando que cada cidade nova poderia significar uma nova vida.

"Recebi algumas indicações para empregos como enfermeira, e então fomos. Seguimos antes da mudança, para alugar uma casa. O aluguel era bem mais caro do que pensávamos, por isso acabamos ficando numa casa muito pequena. Consegui um emprego e, mais uma vez, lá estava eu tentando fazer todo o trabalho.

"Meu marido deveria estar procurando emprego no dia em que o caminhão chegaria com as nossas coisas. Embora ele tivesse me assegurado de que havia 'várias opções', nada se materializara, como sempre. Eu estava em casa esperando o caminhão de mudança, quando meu marido chegou. Olhou em volta da casa vazia, virou-se para mim e disse: 'Eu não gosto daqui. Não devíamos ter vindo'.

"Senti-me nauseada. Tinha gasto a maior parte da nossa poupança, um dinheiro que eu ganhara trabalhando à noite, para fazer aquela mudança, e agora ele não apenas nem havia procurado um emprego mas também tinha a coragem de dizer que fora uma má idéia. Aquilo foi demais! Eu acreditava na santidade do casamento, mas aquilo não era um casamento, era uma insanidade. Eu sabia que tinha de partir. Trabalhei pelo tempo suficiente para juntar dinheiro para outra mudança, depois levei minha filha de volta para Michigan e entrei com o pedido de divórcio.

"No início achei que não teria forças para ir até o fim. Eu não tinha dinheiro, trabalhava à noite em um pronto-socorro, e às vezes estava tão cansada que achava que não conseguiria suportar mais um dia. Foi a pior época da minha vida.

"Passara a melhor parte da minha vida tentando fazer o casamento dar certo, e havia falhado. Nós somos católicos e ninguém da minha família nunca se divorciara. Eu me sentia como uma pecadora. A culpa era imensa. Talvez devesse ter tentado mais, talvez devesse ter partido antes, talvez nem devesse ter casado com ele, para começar. Ficava pensando que tudo acontecera por minha culpa. Que tipo de mãe abandona o pai da sua filha?

"A única coisa constante, no meio de tudo isso, era a minha igreja. Eu ia todos os domingos e rezava mais do que nunca. Quando estava na igreja, uma grande paz me invadia. Havia algo tão familiar e confortador na missa, os hinos e as orações. Era como se eu estivesse em casa. Foi nesses momentos na igreja que descobri que tudo ficaria bem".

Não importa qual seja a sua religião, você merece sentir-se da mesma maneira que Judy se sentiu. Como bem sabe, sou a última pessoa a lhe dizer o que deveria fazer. Mas se decidir que a religião organizada é o lugar onde pode encontrar o que procura, eis algumas coisas que precisa ter em mente:

Primeiro, não deixe os "mosquitos" negativos a dissuadirem. A não ser que sejam aqueles que estão no púlpito, há grandes chances de não serem uma amostra representativa do todo. Mas tenha cuidado, pois às vezes eles se autoproclamam os porta-vozes, então certifique-se de olhar bem em volta antes de tomar a decisão.

Tente não permitir que suas experiências passadas a deixem "calejada" demais. Se suas lembranças de religião envolvem uma freira batendo com a régua em sua mão, ou algum sujeito descabelado gritando a respeito do fogo do inferno, posso dizer com certeza que as coisas mudaram. Não existe nenhuma regra dizendo que você não pode trocar de marca, portanto alguma investigação talvez seja útil.

Outra coisa que você precisa saber é que as congregações estão à sua procura, tanto quanto você pode estar à procura delas. Sem nem mesmo saber onde você mora, posso afirmar com total confiança que existe uma variedade de igrejas, sinagogas e templos em sua região que adorariam tê-la batendo em suas portas. Por isso, não se sinta intimidada em aparecer. Se estiver confusa ou desorientada acerca das regras, basta perguntar. Posso garantir que alguém ficará feliz em explicá-las. Se você é um pouco tímida, a igreja é um dos lugares onde não precisa preocupar-se com isso.

Certa vez fui a uma igreja onde pediram que os novos membros erguessem a mão, para que pudessem ganhar um filão de pão feito em casa. Só me dei conta do brilhantismo dessa estratégia quando estava saindo da igreja, segurando meu pão para que todos vissem. Como um prospecto claramente identificado, posso garantir que há muita gente ansiosa para cumprimentá-la.

Se você encontrar um lugar que gostaria de começar a freqüentar, ajuda bastante se fizer amizade com alguns dos freqüentadores regulares o mais depressa que puder. Antigamente, quando as igrejas eram menores, as pessoas reparavam quando alguém não aparecia. Na cidadezinha de meu marido, o pastor ia até a casa da pessoa depois do culto, para verificar se não havia alguém doente. Mas se você tem de assistir à maior parte do culto pelo circuito fechado de tevê, é difícil achar que alguém vai sentir sua falta. Se a freqüência regular for o seu objetivo, fazer amigos que também freqüentam pode ajudar na sua assiduidade.

Minha amiga Barbara conseguiu até arranjar um transporte:

"Nós sabíamos que tínhamos de começar a ir à igreja depois que tivemos nossos filhos. Havíamos deixado isso de lado por um tempo, mas certa noite estávamos conversando sobre isso com nossos amigos que pensavam a mesma coisa. Decidimos que a única maneira de retomarmos o hábito seria 'forçando' uns aos outros a ir. Começando naquele domingo, fomos nos revezando em passar nas casas uns dos outros. Fica bem mais difícil dormir até tarde quando você sabe que terá de atender à porta de roupão e inventar uma desculpa para não ir à igreja naquele domingo".

Você pode ter as melhores intenções do mundo, mas não há nada como um pouco de pressão para se certificar de segui-las.

Uma das melhores maneiras de conhecer pessoas é entrar num grupo pequeno. O serviço oficial poderá incluir um aperto de mão na pessoa ao seu lado, mas a maneira de conhecer realmente as pessoas é em cultos menores. Seja um grupo de estudos da *Bíblia*, seja um grupo de apoio a divorciados, seja um chá beneficente, um grupo menor e mais personalizado tornará bem mais fácil conhecer as pessoas.

Se você já participa de algo que a deixa feliz, lembre-se de que algumas pessoas ainda estão procurando, portanto vá com calma. Sei que é excitante pensar que talvez possa "arrebanhar" uma nova pessoa para o seu grupo ou comitê, mas se exagerar muito na primeira visita, talvez possa assustá-la. Você não sabe por que essa pessoa se encontra ali, de onde veio ou o que ela está procurando. É melhor esperar que ela lhe fale sobre tudo isso primeiro, antes de tentar incluí-la.

Outra coisa a considerar, no que se refere à expectativa, é que é altamente improvável que você encontre seu clone. Fico impressionada ao ver quantas congregações pregam a tolerância, mas estão dispostas a aplicá-la apenas aos seus próprios membros. Seu desejo de fraternidade não será muito bem-sucedido se você se limitar às pessoas perfeitas, portanto sugiro que supere isso rapidamente.

Phillip Yancey, um conhecido jornalista religioso, exemplifica isso muito bem quando descreve a experiência de um amigo que trabalhou com pessoas carentes:

> *"Uma prostituta o procurou num estado lamentável, sem casa, com a saúde debilitada, incapaz de comprar comida para a filha de dois anos. Enquanto ela confessava as coisas terríveis que tivera de fazer para sustentar o vício de drogas, ele mal conseguia ouvir os sórdidos detalhes da sua história. Ficou em silêncio absoluto, sem saber o que dizer. Por fim perguntou se ela já havia pensado em procurar ajuda numa igreja. 'Nunca me esquecerei da expressão de espanto que passou pelo rosto da mulher', ele disse. 'Igreja!', ela gritou. 'Por que eu iria a uma igreja? Eles só me fazem sentir pior do que já estou!'".*

Não sou nenhuma estudiosa da *Bíblia*, mas, pelo que já li, Jesus era um rebelde de cabelos compridos com uma turma de amigos pescadores. Tente lembrar-se disso na próxima vez em que uma pessoa nova aparecer em sua igreja.

Não sei onde você se posiciona em relação à sua fé. E não vou lhe sugerir quaisquer preferências. Deixarei isso a cargo do seu pastor, dos seus pais ou dos programas de tevê nas manhãs de domingo. Mas se você está procurando um lugar para se conectar e fazer uma diferença, eles já têm essas coisas encaminhadas e funcionando, portanto é bem fácil começar.

NINGUÉM.COM

Eu sempre gosto quando:

A. Posso passar longas horas dentro do carro, pois isso me dá tempo de considerar as soluções em potencial para o problema do meio ambiente.

B. Minha empresa de seguro de saúde me deixa esperando no telefone pelo tempo suficiente para ouvir a trilha sonora inteira do filme *Embalos de Sábado à Noite*.

C. Passo o dia inteiro sentada ao computador respondendo a *e-mails*, sem nunca falar "ao vivo" com uma pessoa.

D. Alguém me pergunta como estou passando e realmente espera ouvir a resposta.

O meio em que vivemos pode ter nos isolado fisicamente, mas nosso estilo de vida está piorando ainda mais as coisas. Parece-me que as inovações e a tecnologia, que supostamente deveriam melhorar nossa vida, na verdade estão provocando efeitos contrários.

Quantas vezes você ligou para uma empresa, passou por três secretárias eletrônicas dando os *menus* de opções, teve de teclar os algarismos da sua conta em cada uma delas, depois ficou esperando durante quinze minutos até que uma pessoa "ao vivo" entrasse na linha e lhe perguntasse o número da sua conta? Todas as organizações que conheço indicam-me seus *sites* na *Web*, em vez de comunicarem-se pessoalmente comigo. Deus os livre de me informarem o que preciso saber, é melhor deixarem-me afogar num mar de informações e descobrir sozinha o que quero.

Eles podem esperar que você entenda suas informações, mas o resto do mundo não fará grandes sacrifícios para nos manter informadas. Fico maluca quando tenho de fornecer a mesma informação muitas e muitas vezes à mesma pessoa. Nem sei lhes dizer quantas vezes, apesar de fornecer o meu cartão, já tive de preencher longos formulários para a mesma empresa de seguro de saúde. É difícil não se sentir como uma insignificante anônima se, em todos os lugares para onde nos viramos, as pessoas estão mais interessadas no seu número de identidade do que no seu nome. E essas pessoas trabalham para você! As coisas podem ficar ainda mais desconectadas quando você trabalha para elas.

Para começar, quem foi que decidiu que trabalhar a quilômetros de distância da sua casa era uma boa idéia? Tinha algo a ver com o tranqüilo estilo de vida suburbano, se bem me lembro dos folhetos do nosso condomínio. Ah, sim, e seria muitíssimo mais barato do que aquelas lindas casinhas na cidade. Se você viaja todos os dias para trabalhar, sabe quanto isso pode ser desagradável.

As horas gastas nessas viagens diárias representam vários problemas de conexão. O primeiro, e mais óbvio, é que você passa longas horas sozinha no carro, completamente desconectada de qualquer pessoa, exceto, talvez, o repórter de rádio que dá informações sobre o trânsito. Mas não é exatamente um tempo perdido, com o trânsito e um telefone celular colado no ouvido por todo o trajeto.

Mesmo se você não vai dirigindo, ficar espremida num ônibus, numa balsa ou num trem com uma multidão de estranhos tampouco é um exercício de conexão. Coloque uma experiência como essa em qualquer extremidade de um dia repleto de situações estressantes, e não sobrará muito tempo nem energia para qualquer atividade mais significativa.

Além do tempo físico e da energia que essas viagens diárias esgotam das nossas vidas, há outro problema de conexão que não é tão óbvio. Se o seu escritório for como era o meu, muitos dos seus colegas também moram nos subúrbios, mas nenhum deles utiliza a mesma estrada! O resultado disso é que os amigos do trabalho nunca se visitam e ninguém se encontra fora do horário de expediente. E ainda falamos sobre dividir nossa vida em compartimentos. O seu ambiente de trabalho pode ser ótimo, porém deixe-me fazer uma pergunta: Quantas pessoas em seu trabalho realmente a conhecem? Posso ser desconfiada demais, mas já reparei que é bem fácil demonstrar uma fachada de perfeição quando ninguém vê a sua casa e a sua família existe apenas no porta-retratos que você ganhou de Natal.

Não me entenda mal, o fato de ser muito aberta a respeito da sua vida pessoal nem sempre é uma boa idéia no trabalho. A última coisa que quero é que você ocupe o tempo do seu chefe com todos os detalhes "sangrentos' do final do seu último caso de amor, ou sobre os pesadelos para encontrar uma boa babá. Mesmo os colegas não são confidentes seguros, atualmente, com as empresas exigindo *feedbacks* das pessoas que trabalham juntas. Talvez não seja muito sensato abrir sua alma no escritório, mas se você costuma passar grande parte do tempo com um grupo de pessoas que não a conhecem de verdade, isso irá afetá-la.

LAMPEJO

Quando você não pratica suficientemente a conexão, acaba se esquecendo de como fazê-la.

Talvez você até queira se conectar, mas, se trabalha fora, eu não contaria com muitas oportunidades para isso. Passei os últimos quinze anos entrando e saindo de uma variedade de negócios e posso dizer: a barreira foi definitivamente erguida. Não importa se você é a recepcionista ou a presidente executiva, provavelmente já recebeu muito mais trabalho tendo muito menos tempo para fazê-lo, nestes últimos anos. Talvez Dolly, Jane e Lilly trabalhassem das 9:00 às 17:00 e armassem grandes confusões durante o horário de expediente, mas o restante de nós estamos enfrentando algumas horas a mais de trabalho desde aquela época. Quem consegue achar tempo para arquitetar planos hilários de matar o chefe, quando estamos ocupadas demais espremendo consultas com médicos e outros compromissos em nosso horário de almoço? Some a isso os *e-mails* e as medidas de produtividade, e não restarão muitos espaços em branco na agenda para que possamos conviver com nossos colegas.

Mas, ei, não é como se tivéssemos um grande contingente de candidatos de onde escolher. Meu próprio e prestigiado escritório fica num quarto atulhado de papéis. De maneira geral, trabalhar em casa pode ser preferível às longas viagens para o escritório, mas as únicas pessoas que encontro no "bebedouro" são as minhas filhas, reclamando que está vazio. Não existem tampouco muitas possibilidades de "troca" com elas. A revista *Trabalhadora Perfeita* talvez mostre a mamãe ao computador com um bebê em cada joelho, mas a realidade é que você tem de despachá-los para algum lugar, se quiser produzir alguma coisa. Chega a ser um bocado patético quando "você tem uma mensagem" é a única voz que se ouve o dia inteiro.

Se você não tem um emprego remunerado, a boa notícia é que não está perdendo toda a camaradagem que pensava. Mas não pense que essa tendência vai passar completamente em branco. Como qualquer guru de gerenciamento poderá lhe dizer, quando as abelhas operárias não estão felizes, o mel não fica assim tão bom.

Você acha que as pessoas não estão lhe dando aquele toque pessoal por serem terríveis vilões que vivem para tornar a sua vida miserável? Pois quer saber de uma coisa? Elas estão lhe dando exatamente o que recebem. Não podem atender ao seu telefonema porque estão penduradas no telefone esperando a ligação do chefe, cuja *conference call* do outro lado do planeta atrasou mais uma vez. Então, o que podemos fazer para tornar as coisas um pouco mais conectadas?

Para começar, se você é uma abelha operária, talvez queira olhar para cima de vez em quando. Suponho que provavelmente já conhece umas poucas colegas que estão no mesmo barco. Na próxima vez em que encontrar uma delas, compartilhe um pouco de si mesma, e talvez fique surpresa com o retorno. Seja durante um almoço ou numa conversa ao telefone, quando você e suas colegas realmente se conhecem, o trabalho pode ficar muito mais divertido. Só porque isso não ocupa um lugar de importância na agenda da empresa não significa que não possa ocupar um lugar na sua. Além do mais, acredito que aquelas mulheres das cavernas faziam as colheitas com muito mais eficiência depois de se conhecerem.

Se você não trabalha fora ou é forçada à solidão de um escritório virtual, veja se não existe uma maneira de separar um pequeno período de tempo de "bebedouro" durante o seu dia. Existem muitas outras como nós por aí, e mesmo se não estiverem livres para um almoço, é bem possível que gostem de receber um ou outro telefonema. Porém certifique-se de que a tecnologia não trabalhe novamente contra você. Os *e-mails* podem ser um meio excelente e barato de manter contato com a sua ex-colega de faculdade, mas tente não permitir que eles substituam a verdadeira conversação. Nem sempre o mais rápido é o melhor.

Só porque os nossos empregos, os computadores e locais de moradia nos desconectaram, não quer dizer que não possamos resgatar algumas poucas conexões em outros lugares. Minha amiga encontrou uma delas numa academia. Eis o que ela diz:

"Eu era nova no lugar e não conhecia uma alma. Trabalhava em casa, portanto as únicas pessoas com quem conversava eram os clientes no telefone ou o entregador da UPS. Mas uma das poucas coisas que sempre fiz para mim mesma é freqüentar uma academia. Vi essa mulher numa aula de ginástica e ela parecia ter a minha idade. Depois de algumas semanas reparando que fazíamos a mesma aula, decidi que iria conversar com ela.

"No passado eu jamais teria feito algo assim, mas ela parecia simpática e estava sempre de bom humor. Pensei, bem, o que tenho a perder? Na pior das hipóteses, ela poderia me achar meio esquisita. Certo dia, depois da aula, me aproximei e lhe disse: 'Olá, meu nome é Jennie. Sei que não nos conhecemos, mas já a vi aqui várias vezes. Você parece ser uma pessoa muito simpática. Gostaria de tomar um café um dia desses, depois da aula?'. Fomos naquele mesmo dia, e depois de alguns meses nos tornamos boas amigas. Isso nunca teria acontecido se eu não tivesse reunido coragem para me aproximar dela".

Momentos de desespero exigem medidas desesperadas. Nosso meio ambiente e estilo de vida estão trabalhando contra nós, portanto teremos de tomar alguma iniciativa. Sabe todos esses corpos, vozes e carros que atrapalham o seu caminho por aí? Bem, ajudaria bastante se você lembrasse que pertencem a pessoas de verdade. Elas são um pouco mais difíceis de identificar, atualmente, mas tente não ficar tão concentrada em suas obrigações a ponto de perdê-las de vista.

O pessoal do "por favor, aguarde, preencha este formulário, apresente novamente a requisição" está deixando você maluca? Não leve para o lado pessoal, eles estão apenas fazendo o melhor que podem com o que recebem. É fácil esquecer que a pessoa no outro lado da linha, ou na janela do guichê, tem uma vida, se ninguém parece importar-se com a sua. Uns poucos comentários agradáveis para lembrá-las de que você se importa funcionam muito bem para tornar as coisas melhores para todos.

Acima de tudo, não permita que a nossa cultura do anonimato a transforme num número. Na próxima vez em que sentir que está prestes a enlouquecer, diga uma palavra simpática àqueles que a rodeiam. Quem sabe, uns poucos podem até escutar.

LIMITE-SE AOS FATOS, SENHORA

Já foi cientificamente provado que as mulheres reparam em detalhes mais do que os homens, sobretudo no que se refere às pessoas. Isso acontece, claro, porque devíamos reparar nas nossas crianças das cavernas e em como as outras mulheres estavam lidando com as plantações, com a amamentação, com os partos e outros detalhes da sua vida. Nossas colegas ainda estão amplamente disponíveis, nós apenas desistimos de reparar nelas. As barreiras modernas para a conexão nos deixaram sem ter onde utilizar a nossa programação para a conexão, exceto no que se refere às novelas de tevê, às propagandas e aos livros de romance. Nós passamos direto pelas mulheres normais e gorduchas nos corredores do *shopping* e nos comparamos com as adolescentes loiras e siliconadas dos cartazes da "Victoria's Secret".

Quem é que consegue reparar nas pessoas de verdade quando a "Miss Victoria" se apresenta de forma tão chamativa? Nós nos tornamos tão ocupadas e desconectadas que permitimos que ela e outras do seu tipo começassem a estabelecer nossos padrões. Os homens podem estar utilizando as suas programações para desejá-la, mas ela não está nos ajudando em nada. Quanto mais você estiver envolvida com as pessoas que a rodeiam, menos a "Miss Victoria" vai incomodá-la. Portanto, caso a sua vida tenha ficado tão ocupada e desconectada a ponto de você nem ter reparado, considere os seguintes fatos:

- A mulher-padrão norte-americana usa tamanho 46.
- Um em cada dois casamentos acaba em divórcio.
- 74% das mães com filhos em idade escolar trabalham fora.
- Um terço dos norte-americanos não tem poupança alguma.
- 3% dos cargos executivos da *Fortune 500* são ocupados por mulheres.
- 60% das pessoas dizem que a única vez que limpam suas casas é quando vão receber visitas.
- E o maior de todos — a indústria da psiquiatria estima que 97% das famílias são "disfuncionais".

Realmente é de duvidar de qualquer padrão que deixa de fora a maioria da população. E não tente se enganar pensando que isso é um desenvolvimento recente. Todo mundo sempre teve problemas, desde o tempo das cavernas até hoje.

LAMPEJO

As pessoas nunca foram perfeitas, só recentemente nós começamos a esperar que fossem.

As pessoas que a rodeiam são as normais. E quanto mais você se expuser a elas, melhor. Portanto pare de esperar que alguém melhor apareça. Esses 3% de pessoas "funcionais" estão espalhados de maneira demasiado esparsa para se incomodarem com o restante de nós. Se estiver tentando se conectar, mantenha-se com os outros 97%. Nós não somos perfeitos, mas, e daí, você também não é.

CAPÍTULO CINCO

ÚLTIMO NA LISTA

"I get by with a little help from my friends"
("Eu me arranjo com uma pequena ajuda dos meus amigos")

— The Beatles

VOCÊ VAI PRECISAR DELES, SÓ NÃO SABE QUANDO

Espero que, a esta altura, eu já a tenha convencido de quanto os amigos podem acrescentar à sua vida. Talvez ainda possa achar que seja ocupada demais, portanto sou obrigada a lançar mão de medidas extremas.

Todo planejamento e trabalho duro do mundo não nos poupam destes simples fatos: a vida não é justa e coisas ruins acontecem. Em algum momento algo vai atingi-la — problemas no casamento, uma crise na carreira, doença, dificuldades com os filhos, infertilidade, problemas financeiros, ou seja lá o que for. E para piorar ainda mais as coisas, provavelmente terá *algo* a ver com a sua família, porque normalmente tem. Ninguém recebe um passe livre.

É por isso que precisamos ter pessoas além daquelas que estão "dentro" das nossas vidas diárias. Se você não tiver alguém que não faça parte de qualquer que seja o trauma que lhe acontecer, estará sozinha. Sei disso porque foi o que aconteceu com minha mãe.

Você deve ter reparado que mencionei os três filhos de minha mãe sentados na primeira fileira no funeral, e também disse que eu era a mais velha de quatro irmãos. Um de nós não estava presente ao funeral de mamãe porque, treze anos antes, todos nós nos sentamos naquele mesmo banco no funeral dele.

Quando minha mãe tinha quarenta anos, perdeu seu filho de seis, que morreu de meningite. Vou poupá-la dos detalhes, exceto para dizer que tudo aconteceu muito rápido. Num dia ele disse que não se sentia bem, no outro estava morto. E minha mãe teve de passar por isso sozinha.

Por que aquela mulher, que tanto fizera para todo mundo, estava sozinha quando seu amado filho morreu? Porque essa é a pior coisa em toda a tolice sobre a perfeição: o seu falso "eu" e a *lista dos deveria* impedem que você tenha quaisquer amigos de verdade. Minha mãe era uma excelente professora, uma ativista da comunidade, mãe dedicada e trabalhadora, e todas as outras coisas sobre as quais as pessoas falaram em seu funeral. Mas estava tão ocupada sendo tudo isso que nunca reservara um tempo para precisar de uma amiga.

Ela podia *ser* uma amiga, mas era o tipo de amiga que muitas de nós, as "empenhadas na perfeição", são culpadas de ser, e isso é uma amiga pela metade. O tipo de amiga que pode estar lá para outra pessoa, sem permitir que outros estejam lá por você. Antes da morte de meu irmão, as pessoas nunca tinham visto minha mãe deprimida nem abatida. Ninguém a vira frustrada. Ninguém a vira como uma pessoa, e sim como alguém em quem podiam se apoiar. Ela nunca precisara da ajuda de ninguém. Nunca dera a ninguém o presente de *ser* amiga dela. Se antes as pessoas não se sentiam próximas a ela, certamente não iriam começar a aparecer no pior momento da sua vida. Lamento dizer que, embora muita gente a admirasse, poucas pessoas eram realmente chegadas a ela.

Não me entenda mal, muita gente compareceu ao funeral de meu irmão, nós recebemos uma infinidade de cartões e flores, além dos obrigatórios pratos de comida que sempre chegam. Mas ninguém esteve realmente ali. Ninguém sentiu que conhecia minha mãe bem o bastante para entrar em casa e arrancá-la da cama, um mês depois, quando ela tanto precisava. Ninguém a conhecia bem o bastante para dizer: "Besteira, me diga como você está de verdade", quando ela afirmava que estava bem. Ninguém sabia como simplesmente ficar a seu lado.

LAMPEJO

É melhor fazer amigos antes de precisar deles.

Eu disse, no início deste livro, que uma amiga teria feito um mundo de diferença para minha mãe. Não apenas quando meu irmão morreu, mas muito antes, quando ela estava passando pelos problemas típicos de um longo casamento. Será que mamãe sabia que todos passam por momentos como aquele? E como poderia? Ela lidou com tudo sozinha. As dificuldades financeiras para criar quatro filhos? Mais uma vez, ela enfrentou sozinha. Problemas com uma certa adolescente de catorze anos, que achava que a melhor coisa a fazer em seu primeiro ano de colegial era simplesmente pulá-lo e passar o tempo todo com o namorado de dezenove anos. Tenho certeza de que minha mãe se sentia envergonhada demais para pedir ajuda, ou simplesmente conversar com alguém sobre o que estava passando.

Uns poucos bons amigos podem fazer a diferença. Eu disse que minha mãe teria ficado surpresa com seu próprio funeral porque estou certa de que ela nunca soube quanto significava para as pessoas. Este é um outro ponto em que esses amigos poderiam ter entrado. Uma amiga teria salientado isso. Uma boa amiga de verdade a teria feito esquecer a *lista dos deveria* e lhe mostrado quanto ela era importante.

Em vez de deixá-la com lágrimas nos olhos por causa das oportunidades perdidas de minha mãe, vamos nos certificar de que *você* tem esses amigos de verdade neste exato momento. Não deveria ter de esperar até o seu funeral, e tenho certeza absoluta de que você não quer passar pelos maus pedaços sozinha. Já lhe dei alguns poucos lugares por onde começar, portanto basta escolher. Você pode procurar na casa ao lado, no trabalho ou na academia, mas vejamos se não conseguimos encontrar uma maneira de melhorar um pouco mais essas conexões. As chances estão contra você neste mundo grande e cruel, portanto alguns jogadores a mais no seu lado poderão equilibrar um pouco as coisas.

TODOS OS OVOS NUMA SÓ CESTA

Escolhi meus amigos porque:

A. Nossas ideologias semelhantes resultam em conversas longas e significativas a respeito dos eventos mundiais.

B. Estão todos dispostos a dedicar o tempo e o comprometimento exigidos para a manutenção de uma grande amizade.

C. Pesquisei muito para criar uma mistura diversificada de pessoas que me abrirão as portas para diferentes estilos de vida.

D. Eles estavam por perto.

A ex-primeira-dama Betty Ford disse, sobre o programa no Betty Ford Center, que "a mulher aproveitará melhor a terapia se o seu grupo for todo de mulheres. Num grupo misto, já descobrimos, ela tende a permanecer no papel de protetora, ela se retrai. Num grupo só de mulheres, não lhe será permitido se esconder. Uma outra mulher vai dizer a ela: E quanto a *você?* Como isso a está afetando? Como *você* se sente?".

A sra. Ford sabia o que estava dizendo. Sendo ela mesma uma alcoólatra em recuperação, aprendeu em primeira mão o que significava o apoio das outras mulheres do seu grupo. Como diz em seu livro *Betty, a Glad Awakening* (Betty, um Feliz Despertar): "Serei eternamente grata a elas; dirigiam durante uma hora para vir até aqui, e uma hora para voltar, apenas para se encontrar comigo uma vez por semana". E, como mulher, a sra. Ford também sabe como é se sentir responsável por tudo e por todos. "A voz de minha mãe estava sempre em meus ouvidos: 'Se não pode fazer direito, é melhor nem fazer...'. Existem muitas mulheres como eu que participaram das atividades da igreja, das feiras de livros, prepararam as refeições e supervisionaram as lições de casa, dedicando seus dias a outras pessoas".

Sendo mulheres, muitas de nós passam grande parte do tempo em relacionamentos de entrega. Mas você não deveria ser responsável pelos dois lados da moeda da felicidade em *todos* os seus relacionamentos. Pense no seguinte: os psiquiatras têm psiquiatras, e até os sacerdotes se confessam. Sabem que não podem suportar os problemas de todo mundo sem que eles próprios tenham uma válvula de escape.

LAMPEJO

Às vezes você merece ser aquela que recebe o apoio.

É bem fácil esquecer que você também precisa de apoio quando todas as pessoas que precisam do *seu* apoio são tão insistentes em suas exigências. Muitas de nossas amigas estão tão ocupadas com suas próprias listas de coisas a fazer que dificilmente exigem a nossa atenção. Devido às exigências em nosso tempo e em nosso físico atualmente, a última coisa que fazemos é reservar um momento para outras pessoas. Talvez você nem esteja preocupada com essa questão, porque parece que já tem muitas amigas.

Lembra-se do excelente emprego de vice-presidente de marketing de JoAnn? Bem, como todos os cargos de chefia, esse a mantinha um bocado ocupada. Ela não tinha tempo para muitos interesses externos, além da própria família. Isso não a incomodava muito porque estava bem conectada no trabalho. JoAnn faz um ótimo trabalho e é uma pessoa divertida, portanto, naturalmente, todo mundo gostava dela. Sempre havia pessoas com quem sair para jantar quando ela viajava, e sempre pareceu que possuía muitos amigos.

Mas uma coisa que esses altos cargos costumam ter em comum é o seu *status* razoavelmente vulnerável. Como qualquer pessoa que trabalhou numa grande empresa poderá lhe dizer, quanto mais você fica visível, mais riscos corre. Sobretudo quando chega uma pessoa nova. Por qualquer que seja o motivo, parece que sempre que um novo "bambambã" entra numa nova organização, uma das primeiras coisas que faz é livrar-se do segundo "bambambã" em comando, que aparentemente não tem valor algum porque trabalhava para o "bambambã" anterior.

Foi exatamente isso que aconteceu com JoAnn. Ela entregou-se ao trabalho de corpo e alma por mais de doze anos, apenas para descobrir que, num período de seis meses, não tinha mais valor algum.

"Não foi realmente um choque. Eles já haviam demitido algumas pessoas, e eu achei que talvez fosse a próxima. Francamente, fiquei surpresa por ter demorado tanto para acontecer. Ainda assim, foi um golpe daqueles. Eles chamaram o processo de 'reorganização', mas eu ainda sentia que estava sendo demitida.

"A pior parte de tudo foi que, ao ir para casa, percebi que não havia ninguém para quem eu pudesse ligar. Todas as pessoas que eu conhecia ainda trabalhavam lá. A última coisa que elas iriam fazer seria arriscar o próprio emprego ficando do meu lado."

É exatamente por isso que é uma boa idéia ter amigos em mais de um lugar. Se algo der errado, é bom ter alguém mais para onde se voltar. Se você trabalha fora, é natural que encontre muitos dos seus amigos no trabalho. Obviamente tem algo em comum com eles e, sem dúvida, são acessíveis. Mas lembre-se, as circunstâncias mudam e você não vai ficar a vida inteira nesse emprego. Apenas porque passa grande parte do tempo numa situação, não significa que tem de limitar suas amizades a ela.

E se todos os seus amigos forem outros casais e, subitamente, você se descobrir tendo problemas no casamento? Não gostaria de ter alguns amigos que fossem só seus, com quem pudesse conversar a respeito disso? Ou se as coisas piorarem e você acabar sem seu par? O divórcio já é ruim o bastante sem perder a "custódia" de todos os seus amigos. Talvez você nem altere o seu estado civil, mas apenas mude de casa. Eu mesma já me senti muito desapontada ao ver quão rapidamente algumas amizades morreram, depois que um de nós se mudou.

LAMPEJO

Uma amizade verdadeira sobrevive à situação que a iniciou.

Talvez você tenha encontrado seus amigos porque as circunstâncias os reuniram; mas uma amizade verdadeira não depende de um lugar ou de uma situação para manter-se viva. Essa é a diferença entre amigos e meros conhecidos. Quando as amizades não dependem das situações, nós podemos desempenhar aqueles papéis de dar apoio/receber apoio conforme a necessidade de cada um.

Na verdade, às vezes achamos que nossos amigos podem ser os únicos que realmente consideram os nossos melhores interesses. Porque são os únicos cuja vida não será afetada pelas nossas decisões. Nem mesmo os seus próprios pais conseguem olhar para a sua vida de maneira objetiva. Não acredita? Pois imagine que você tenha acabado de sustentar seu filho durante os anos da faculdade de medicina, e suplementado sua renda ao longo de todo o período de residência e estágios. Após completar toda essa jornada, o seu rebento informa que talvez tenha cometido um erro. Sua verdadeira paixão é a poesia e que, talvez, ele devesse seguir por esse caminho.

Apenas uma amiga é capaz de ouvir uma descrição como essa e permanecer calma, porque o ego dela não estará envolvido na situação. Ela está interessada em você, nos seus pensamentos e sentimentos. Pode ouvi-la sem impor suas próprias opiniões quanto ao problema e, normalmente, você tampouco tem grandes problemas com ela.

Todas as mulheres que conheço possuem uma lista de coisas a fazer dentro da cabeça. Às vezes nossas amigas são as únicas pessoas que não entram na lista. Talvez você seja uma alma serena que não se abala nem por um instante quando está com a família, mas eu não consigo passar cinco minutos do meu tempo destinado a ser de "qualidade" com minhas filhas sem começar a olhar em volta da casa, pensando na bagunça em que tudo se encontra. Na verdade, certa noite fui jantar fora com meu marido e passamos a maior parte do tempo decidindo se devíamos ou não refinanciar a casa. Você jamais desperdiçaria uma noite com uma amiga conversando sobre assuntos tão maçantes.

Lembre-se, uma amizade verdadeira funciona dos dois lados. Se você quer uma pessoa que ouça os seus problemas, precisa estar preparada para ouvir os dela. Isso significa levar o mundo dela tão a sério quanto espera que ela leve o seu. Se você pergunta a uma amiga: "Como vai?", tem de considerá-la uma pergunta de verdade, e não apenas uma gentileza, porque nem sempre a resposta será "Tudo bem".

Não que a choradeira mútua seja a única coisa para que servem as amigas. Alguns dos momentos mais divertidos que já passei foram em companhia de amigos. Provavelmente isso tem algo a ver com o fato de eles serem capazes de fazer as malas sozinhos e providenciar o próprio transporte. Não me entenda mal. Adoro fazer coisas com minha família, mas, temos de admitir, é um pouco mais relaxante quando a gente não precisa se preocupar se a outra pessoa comeu toda a verdura ou se está na hora do cochilo. E não tenho nenhuma amiga que acredita que assistir a um jogo de futebol sem pronunciar uma palavra sequer seja uma ótima maneira de passar a tarde.

Então, se os amigos podem acrescentar tanto à nossa vida, porque não fazemos deles uma prioridade? Acho que uma das razões é porque nossa vida não tem sido conectada o suficiente para encontrá-los. As amizades emergem das nossas conexões existentes; são como a nata que sobe do leite. Não sou nenhuma especialista em laticínios, mas duvido que você terá muita nata se não tiver leite algum. Muitas conexões a impedem de emergir.

Além de localizar os amigos, devo dizer que o maior problema é o tempo exigido para mantê-los. Quando eu era mais jovem, costumava passar longas tardes com minhas amigas, contemplando as nuanças de todas as situações com que tínhamos deparado desde o último encontro. Atualmente é difícil até justificar um telefonema, quando o seu talão de cheques não é verificado há meses e a família inteira está sem meias secas.

Muitas mulheres não têm o poder de persuasão de uma ex-primeira-dama, por isso duvido que elas venham até nós. E a Rede de Amigos Mediúnicos é simplesmente cara demais.

Se você não tem família e está com problemas para encontrar um tempo livre, tenho de perguntar o que está fazendo consigo mesma. Se está permitindo que o trabalho preencha todas as suas horas, vou bancar a médica e lhe dizer que o corpo humano é capaz de trabalhar apenas por um determinado tempo antes de se rebelar. Além disso, mesmo se conseguir manter esse ritmo, será que é realmente o que deseja? Ao estabelecer esses padrões tão elevados, tornará um bocado difícil se algum dia você decidir rebaixá-los um pouquinho. Na próxima vez em que ficar tentada a arcar sozinha com mais um projeto, ou seja lá o que for, pense na volta de JoAnn para casa no dia em que a dispensaram do trabalho.

Se você abandonou os amigos devido às exigências da família, bem, querida, eu sei muito bem o que é isso e estou aqui para lhe dizer que está tomando um caminho perigosamente solitário. Sei como isso acontece, mas é um bocado patético quando a gente acaba se vendo toda ansiosa por causa de uma festa de aniversário de crianças no salão de uma pizzaria apenas porque sabe que vai conversar com outras mães. Claro, é melhor do que ter de trabalhar nos fundos fazendo as pizzas, mas você não merece umas poucas amigas e eventos que escolheu por si mesma? Francamente, acho que todas nós merecemos uma noite só de mulheres uma vez por semana, ou pelo menos um almoço de vez em quando. Acontece que acho que faz um grande bem à família ver que a mamãe tem uma vida própria.

Se não posso convencê-la a fazer nada que seja tão divertido, espero ao menos que você faça alguma coisa. Minhas amigas e eu recorremos a alguns expedientes bastante simples a fim de manter viva a nossa amizade.

Durante algum tempo costumávamos nos encontrar em lanchonetes, e conversávamos enquanto as crianças brincavam naqueles tanques cheios de bolinhas. Algumas de nós até tentaram se encontrar no horário de almoço, enquanto iam pagar contas no banco e coisas assim. Acredite, todas nós temos as mesmas listas de coisas a fazer e as filas nos proporcionam pelo menos cinco minutos de tempo de conversa.

Não quer enfrentar as multidões? Junte todos os catálogos, alugue um filme para as crianças e passe a tarde com as amigas fazendo suas compras em casa. Claro que seus filhos acabarão usando as roupas todas iguais, mas pelo menos não serão os únicos vestidos com peças de liquidação de fim de estação.

Uma amiga minha tem tão pouco tempo que, à noite, depois de pôr as crianças na cama e enquanto o marido vegeta na frente da televisão, ela vai encontrar sua melhor amiga no supermercado 24 horas. Elas tomam um café na lanchonete e colocam os assuntos em dia enquanto fazem as compras. Não é um almoço no Ritz, mas, ei, mendigos não podem escolher. E é muito melhor do que passar uma hora explicando às crianças por que não podem comprar a mercadoria que está exibida na prateleira ao alcance dos olhos delas.

Algumas mulheres têm ficado tão desesperadas para conectarem-se que viram-se forçadas a utilizar a tecnologia. Não sou uma grande fã, mas telefones celulares, *pagers*, fax e similares não deixam de ser ferramentas de produtividade. Para poupar sua sanidade, considere o uso apropriado desses instrumentos.

Apenas porque você não pode mais manter contato com as amigas da maneira como costumava, ou mesmo da maneira como gostaria, não significa que seja totalmente impossível. Veja o exemplo de Betty; nem mesmo as primeiras-damas conseguem fazer tudo sozinhas.

MADAME EXECUTIVA

Sempre que deparo com uma decisão ou um problema difícil, eu:

A. Reúno-me com os meus sempre disponíveis amigos e conduzo uma sessão de *brainstorming* completa com cartazes ilustrativos e fones de ouvido.

B. Espero que alguém realmente me force a pensar por mim mesma, em vez de simplesmente concordar com minhas asserções.

C. Determino um valor numérico a cada componente da situação, de forma que posso compor um gráfico das variações estatísticas.

D. Ligo para a minha melhor amiga ou para minha mãe e fico choramingando sobre como a minha vida é horrível.

No outro dia a minha filha chegou da escola toda aborrecida por causa da colega com quem sentava durante o lanche do recreio. Parecia que o sistema de castas sociais da segunda série não estava funcionando a seu favor, e que sua vida era uma completa desgraça por causa disso. Talvez eu tenha permitido que a minha própria vida social vazasse um pouco pelas rachaduras, mas, como todas as outras mamães dedicadas que existem por aí, não iria deixar que a de minha filha fosse para o ralo.

Por isso decidi aceitar meu próprio conselho e conversar com uma amiga antes de agir. Minha amiga Paula também tem uma pequena alma sensível na família, portanto eu tinha certeza de que, se ligasse para ela, ao menos receberia alguma confirmação de que a minha era normal. Além disso, ela é realmente divertida e sempre fico animada quando conversamos.

Liguei para ela e, no instante em que ia começar a relatar todo o caso do recreio, Paula passou a me dizer que ela e o marido tiveram uma briga horrível na noite anterior, que ele saíra de casa e que iriam divorciar-se. Não foi uma surpresa total, porque eu sabia que estavam com problemas, mas nem ela nem eu nem sequer tínhamos imaginado que as coisas iriam tão longe e tão depressa. Isso sim é encarar a realidade: minha preciosa princesa podia não ser o centro das atenções, mas a dela iria enfrentar a vida sem a presença do pai em casa.

LAMPEJO

Nem mesmo a melhor amiga é capaz de fazer tudo.

Se você é afortunada o bastante para ter uma, sabe que ninguém jamais poderá substituí-la. Mas não importa quanto ela seja ótima, engraçada, inteligente ou multitalentosa, nem sempre estará disponível. Alguma coisa vai acontecer, e ela estará fora da cidade, ocupada com suas próprias crises e problemas, ou simplesmente desinteressada naquela questão em particular.

Além da necessidade de apoio, acho que existe outro bom motivo para você expandir um pouco o seu círculo de amizades. Não é por coincidência que os prisioneiros usam uniformes e são obrigados a comer, dormir e andar no mesmo horário. Ou que sempre que um filme quer mostrar uma visão sombria do futuro as pessoas estão todas vestidas com roupas idênticas e monocromáticas, com a mesma expressão nos rostos.

Estar cercada por um bando de clones é tedioso e, às vezes, uma absoluta tortura!

Todo mundo sabe que qualquer empreendimento bem-sucedido exige uma diversidade de cérebros e talentos, para que assim se mantenha. Sua vida não é exceção. O rei Arthur tinha a Távola Redonda, os presidentes têm os seus gabinetes, e os CEOs têm suas equipes de gerenciamento. Você também merece um comitê de especialistas escolhidos a dedo para ajudá-la.

Esses outros sujeitos não escolhem suas equipes ao acaso, e você também não precisa escolher. Se já se conectou o bastante, pode contar com algumas opções. Vamos dar uma olhada numa típica coleção de amigos:

Um bom ponto de partida são os amigos *nas-trincheiras-com-você*. Por compartilharem a mesma profissão, o mesmo estado civil ou localização geográfica, essas são as pessoas com quem se pode contar para ouvirem um monólogo sobre "minha vida é tão dura" e compreenderem o que você realmente quer dizer. Elas também lhe "dão um toque" quando chega a hora de calar a boca e seguir em frente. Além disso, porque a vida delas é tão parecida com a sua, também são capazes de lhe dizer quanto o seu papel é importante, sempre que você precisar ouvir.

Esse tipo de amizade geralmente é mais fácil de fazer e manter, porque seus estilos de vida são bastante complementares. Mas somente se você "jogar limpo" com elas. Você terá de escutá-las tanto quanto elas a escutam. Vá com calma, deixe o bom e o ruim fluírem de ambos os lados; você se poupará um bocado de tempo se uma crise surgir. Mas tenha sempre em mente: as rainhas da perfeição são obrigadas a vigiar a partir das laterais, porque elas nunca descem para as trincheiras com ninguém. É mais divertido afundar na lama com o restante de nós.

Outro tipo de amizade que tem sido valioso para mim é o da mulher sábia. Ela já esteve lá, já fez de tudo e pode lhe dar alguma perspectiva a respeito do assunto. Ela é alguém que já passou por qualquer que seja a fase da vida pela qual você está passando agora. Nem sempre lidou com tudo de maneira perfeita, mas precisa estar disposta a expor todos os detalhes desagradáveis. Não sei quanto a você, mas eu prefiro mil vezes aprender com os arrependimentos dos outros a ter de experimentar os meus próprios.

Pode ser que você tenha uma irmã, uma tia ou a mãe para desempenhar esse papel, porém já percebi que uma pessoa "de fora" não me deixa tão na defensiva como as da minha própria família. Além de fornecer bons conselhos, a amiga sábia pode lembrá-la de quão curta essa parte da sua vida realmente é. Só de saber que JoAnn e o marido saem para viagens não planejadas e dormem até tarde nos fins de semana já serve para me dar esperanças para o futuro. E sua honestidade em admitir que gostaria de ter tido alguns dias de "vagabundagem" como esses quando era mais jovem ajuda-me a lidar com o presente.

Uma observação puramente logística: embora, em geral, esse tipo de amiga seja uma pessoa mais velha, isso não precisa ser uma exigência. Se você está voltando ao mercado de trabalho, ou a um casamento, depois de décadas de afastamento, a sua própria filha poderá lhe dar alguns conselhos úteis sobre o assunto.

Você precisa de sabedoria, mas também vai gostar de um pouco de graça, o que me leva à amiga espirituosa. Espero que todas as suas amigas tenham um bom senso de humor, mas mesmo se você for do tipo mais sério, tente ligar-se a pelo menos uma dessas. Talvez ela não seja confiável, talvez não esteja sempre presente nem se lembre do seu aniversário, mas pelo menos você terá alguém para lhe apontar a loucura do mundo às soltas, quando você está tão atolada nele que nem consegue enxergar direito. Eu, claro, acho que essa amiga ocupa o topo da hierarquia social.

Conforme você avança nos anos, é mais provável que se encontre com algumas mais jovens ou, como eu as chamo, amigas novinhas. Estas são as garotas, que a fazem lembrar de quão longe já chegou. Elas ainda estão lutando com todos os problemas e crises que você já solucionou ou já abandonou sabiamente anos atrás. Embora possa invejar a juventude de seus corpos, creio que acabará descobrindo que elas trazem uma nova perspectiva para a sua vida. Também estou convencida de que manter algumas amigas mais jovens vai me impedir de ficar velha e rabugenta antes do tempo. Se isso não bastar, você pode contar com elas para lhe darem a maior "bronca" quando insistir em usar as roupas e penteados que foram moda na década passada.

JoAnn diz que gosta de ter contato com gente mais jovem porque isso a ajuda relacionar-se melhor com o filho e os amigos dele. Outra coisa acerca das "novinhas": lembra-se de quando eu disse que tudo deve fluir de ambos os lados? Bem, a única maneira de a mulher sábia funcionar é quando há alguém disposto a aprender. Faça a sua parte e não perturbe o equilíbrio do Universo.

O que me traz a um outro tipo de amigo, o *bom sujeito*. E, sim, estou falando de um amigo homem. A realidade é que você tem de viver entre eles, portanto é melhor conseguir uma espécie de tradutor. Quer saber por que seu marido ou seu chefe está agindo como um pão-duro insensível? O *bom sujeito* pode explicar. Se você encontrar um *bom sujeito* verdadeiro, ele será capaz de defendê-los e ainda ficar do seu lado, numa mesma conversa.

Infelizmente não existem muitos desses por aí, portanto algumas de vocês terão de dividir. A única exigência real é que ele seja um homem e esteja disposto a decodificar os mistérios do comportamento masculino para você. Lembre-se, estamos falando de amigos, portanto não vá misturar as coisas achando que pode começar a fazer sexo com ele ou ter filhos. Além disso, se for realmente um *bom sujeito*, é bem provável que já tenha a sua própria família. Isso funciona muito bem, pois você poderá servir de intérprete para ele, também. Faça uma ou outra sugestão e considere-as como sua contribuição para esposas, funcionárias, irmãs e mães em toda parte.

Procure alguma diversidade com umas poucas amigas do tipo *não-é-a-minha-vida*. Elas podem ser casadas, solteiras, mães ou freiras. Não importa. O que você está procurando é alguém que lhe forneça perspectivas diferentes. É fácil pensar que o seu jogo é o único na cidade, se nunca encontrou alguém que não o jogue.

Essas amigas podem lembrá-la de que nem tudo são flores do lado de lá da cerca. Às vezes fico tão louca com meu marido que nem consigo pensar direito, mas basta um telefonema de uma amiga solteira falando sobre suas agruras com os namorados, e ele me parece muito melhor. Agora, lembre-se de que é uma amizade, não uma competição. Você também precisa ser sincera quanto aos seus problemas. Se lidar com tudo direitinho, ambas as partes ficarão satisfeitas com o *não-é-a-minha-vida*.

A vida pode mudar, mas todo mundo precisa de ao menos uma amiga histórica. Alguém que tenha sido testemunha dos altos e baixos e das péssimas decisões quanto ao corte de cabelo da sua vida. Se você é afortunada o bastante para ter uma dessas, agarre-se a ela com unhas e dentes. Se vocês perderam o contato, talvez fosse bom ligar de vez em quando. Não permita que as mudanças geográficas ou de estilos de vida se intrometam entre vocês. Claro que você mudou desde a época em que andavam juntas, mas desconfio que existe um pedacinho do seu antigo "eu" que ainda gostaria muito de falar com ela.

Pense bem: ela ainda se lembra de como você era usando um maiô e tem fotos para provar. Ela pode queimá-las ou transformá-las num pôster. Fique próxima o bastante para que ela tome a decisão acertada.

Portanto, aí está o seu próprio "time dos sonhos". Sei que não me é permitido acrescentar nada à sua lista, a não ser que retire alguma coisa, então, lembra-se do *comitê do deveria* de alguns capítulos atrás? Considere essa relação a substituição. Pois se essa turma lhe der algum conselho, talvez você queira escutar.

EU OUVI UMA FOFOCA...

Se descubro que um grupo de amigos esteve falando a meu respeito, eu:

A. Presumo que devem estar muito preocupados comigo para passar seu tempo valioso discutindo meus assuntos.

B. Concluo que tenho sorte por minha vida ser tão fascinante a ponto de despertar o interesse deles.

C. Fico realmente ansiosa para saber se algum bom conselho resultou da sessão de conversa.

D. Sinto-me completamente traída.

Eu acho muito mais fácil dar conselhos do que ouvi-los. E muito menos segui-los. Por exemplo, estou escrevendo um livro, quando provavelmente deveria estar lendo um. A verdade é que ninguém gosta que lhe digam que não está fazendo as coisas da maneira certa. Sobretudo se você nem pediu opinião.

Mas há tantos conselhos rolando por aí que às vezes é difícil peneirá-los. Lembra-se da minha amiga Shannon, que não se contentou com um "tudo bem" para seus filhos? Empreendedora como é, ela leva muito a sério o fato de ser mãe e não gosta de ouvir ninguém lhe dizendo que não está à altura da função. Mas foi exatamente o que aconteceu durante a última festinha de aniversário na casa de uma vizinha. Enquanto as crianças brincavam, uma das outras mães viu-se no direito de lhe dar uma série de conselhos não-solicitados. Ela fez uma cobertura geral, desde as dietas dos seus filhos até a melhor maneira de disciplinar os bichos de estimação. Parece mesmo a maneira como eu gostaria de passar uma tarde ensolarada!

No instante em que chegou em casa, Shannon ligou para Janine, a sua melhor amiga, e relatou tudo o que a mulher lhe dissera. Embora Janine se mostrasse solidária em sua justa indignação pela maioria das coisas, em alguns pontos ficava notavelmente silenciosa. Na verdade, quando Shannon chegou à parte dos comentários sobre seus cachorros indisciplinados, Janine até disse: "Bem, com certeza isso é algo para se pensar".

LAMPEJO

Uma amiga de verdade nem sempre é a amiga que diz "sim" a tudo.

Apoiá-la nem sempre significa concordar com você em tudo. Alguns dos melhores conselhos que já recebi foram dados por uma amiga de verdade, que juntou coragem e firmeza para me dizer que eu estava "bagunçando" as coisas. Uma certa amiga divorciada, falando-me sobre como seria melhor se eu passasse mais tempo com meu marido, aparece em minha memória quase imediatamente.

Esqueça as colunas de conselhos sentimentais dos jornais e revistas, pois se você tem as amigas certas em sua vida, já conseguiu excelentes fontes para ótimos conselhos. O problema é que a maioria de nós fica tão na defensiva à menor menção de um deles que deixamos de considerar os seus méritos. Porém, mais uma vez, não é por nossa culpa. Minha experiência tem demonstrado que muitas pessoas não sabem como dar o conselho. Qualquer conversa que inicie com "Eu não quero me meter na sua vida, mas..." já provoca em mim uma onda de revolta antes mesmo de saber qual é o assunto.

Infelizmente os intrometidos que não sabem de nada são os primeiros a tomar a palavra, enquanto aqueles que realmente têm algo a oferecer em geral ficam de boca fechada. Então, como selecionar o que de fato interessa? Bem, ajuda um pouco se você começar a perguntar. Você já superou a história de perfeição, portanto esse não deve ser um salto demasiado alto. Você sabe que amigas fornecem os conselhos de primeira classe, pois provavelmente são aquelas que não os dão a torto e a direito. Na próxima vez em que tiver de enfrentar um problema, em vez de ficar apenas reclamando, verifique com o seu comitê, para saber se eles têm alguma idéia de como lidar com isso.

Antes que fique toda histérica porque ninguém entende a sua situação, deixe-me enfatizar que estou apenas pedindo que ouça os conselhos deles. É você quem vai decidir se aceita ou não. Além disso, desconfio que se você chegou ao ponto de pedir conselhos é porque, provavelmente, já sabe o que fazer. Só deseja que alguém confirme a sua decisão.

No entanto, existirão algumas situações em que a intervenção não solicitada é adequada. Esse é outro motivo para você precisar de um comitê. Muitas de nós precisam ouvir várias vezes a mesma coisa antes de acreditar — mesmo se for verdade. De jeito nenhum Shannon iria dar crédito aos conselhos de uma vizinha intrometida, mas quando a sua melhor amiga deu um, aquilo ganhou muito mais credibilidade. Claro, ela ainda levou algum tempo para realmente considerar o conselho viável.

Lembre-se, suas amigas querem o melhor para você. Às vezes é difícil ouvir, mas se vem de mais de uma fonte, talvez seja bom pensar um pouco. Se alguém do comitê se dá ao trabalho de lhe dizer alguma coisa, é bem provável que já pensou bem no assunto antes de trazê-lo à tona. Mas isso não quer dizer que esteja sempre certo.

Atualmente minha amiga Paula está pagando uma pensão alimentícia a alguém que fora aprovado pelo seu comitê. Ela já havia sofrido algumas desilusões amorosas antes de conhecer esse homem, por isso sabiamente apresentara-o a algumas amigas antes de começar um relacionamento mais sério. O veredicto: ele é um ótimo sujeito, é simpático, é divertido, dará um excelente marido. Sete anos, dois filhos e uma enorme hipoteca depois concluiu-se que o comitê não havia analisado muito bem as coisas. O "sr. Maravilha" deixara um pouco a desejar quando chegara o momento de fazer a transição de "divertido e simpático" para "pai responsável".

Lembra-se das amigas sábia e *não-é-a-minha-vida?* Será muito útil se algumas delas já estiverem no lugar onde você pretende entrar. Eu sustento firmemente que, se Paula tivesse umas poucas mães de crianças pequenas em seu grupo de amigas, elas teriam percebido os sinais de perigo. Existe uma imensa diferença entre um "divertido e simpático" e um "ótimo pai". Estamos falando sobre duas descrições de funções diferentes. Você se sairá melhor se "contratar" aquele que se destaca na tarefa mais difícil. Se não tem certeza das qualificações, cheque com alguém que tenha experiência do que é exigido.

Também sugiro que você se sinta confortável com a capacidade do comitê de se reunir sem a sua presença. Se a maioria dos seus amigos foi selecionada num mesmo ambiente, é bastante provável que todos se conheçam. E é inevitável que em algum momento o seu nome seja mencionado na conversa. Não apenas o seu nome, mas também alguns dos seus problemas.

Se ficar sabendo disso, não comece a ter ataques. Falar de você pelas costas é quando começam a espalhar rumores sobre a sua vida sexual. Analisar suas últimas crises e tribulações significa que se importam com você. Não acredita? Com que freqüência as pessoas pensam ou falam a respeito da vida dos filhos quando eles não estão por perto? Os médicos sempre discutem com os colegas os seus casos mais difíceis e interessantes. Se você acha que tem sido o assunto de conversa das amigas, presuma que é uma das interessantes e fique contente por elas pensarem em você o bastante para se darem ao trabalho de comentar.

Receber conselhos de uma amiga é uma coisa, dar é outra. Só porque pensamos que podemos nos beneficiar com alguns deles não significa que eu esteja sugerindo que você comece a espalhar conselhos por toda parte. Na verdade, já descobri que quanto menos são oferecidos, mais eficientes eles são. Mas é bem mais fácil falar do que fazer. Como podemos ficar quietas quando é tão óbvio que uma pessoa está precisando da nossa ajuda?

Compre uma focinheira, se for necessário. No mínimo, espere um pouco antes de se intrometer. Nesse meio tempo, a pessoa pode resolver tudo sozinha ou solicitar uma opinião. O conselho é sempre mais bem recebido quando solicitado. Se a pessoa não pediu, talvez você queira esperar um minuto antes de oferecer a sua opinião e perguntar-se: Qual é o pior caso, aqui? Se não vai custar a ela uma montanha de tempo, dinheiro ou lágrimas, realmente vale a pena mencionar?

Mais uma coisa a considerar: quão sensível é esse tópico? Todos nós temos pontos sensíveis, mas que são diferentes de pessoa para pessoa. Por exemplo, você pode dizer o que quiser sobre o meu trabalho doméstico, mas eu sou um pouco mais sensível no que se refere ao meu peso ou à maneira como me visto. Uma ferida universal são os filhos. A não ser que seja uma questão absoluta de vida ou morte, fique longe desse tópico, custe o que custar. Não existe uma mulher que consiga ouvir um *feedback* negativo a respeito dos filhos ou da maneira como os educa sem contra-atacar com toda a força. Sugira um livro, se realmente acha que ela precisa tanto de ajuda.

Além do tópico em si, pense no que mais está acontecendo com essa pessoa. Se ela já tem mais do que consegue carregar, talvez uma intromissão em seus problemas, ou na sua situação, possa ficar para mais tarde. Não há nada pior do que ter uma amiga fazendo críticas e julgamentos quando as coisas estão correndo realmente mal. Até um bom conselho soa como crítica, quando você está estressada ao máximo.

Tendo feito todas as advertências, também preciso lhe dizer que uma amiga de verdade não deixa que seus amigos estraguem suas vidas sem dizer alguma coisa. Uma amiga de verdade está disposta a arriscar uma briga para demonstrar quanto se importa. Se vocês já têm um longo currículo de ajuda mútua, um conselho não solicitado não vai destruir a amizade para sempre, pode apenas esfriá-la por algum tempo.

Seja ele solicitado por palavras, seja por atos, ainda assim o conselho é algo difícil de engolir. Eis aqui algumas sugestões para que ele "desça" mais fácil:

- A primeira é encarar as coisas pela perspectiva da outra pessoa. Passei muitos anos em vendas e posso dizer que o cliente fica mais disposto a ouvir depois que foi ouvido. Não importa se você já analisou a coisa por todos os ângulos, a pessoa nunca irá acreditar que você entendeu até que ela mesma lhe diga. Demonstre que compreendeu o plano e a situação dela, antes de revelar a sua solução.

- Fazer perguntas é uma boa maneira de começar. Em vez de dizer como ela deveria estar lidando com determinada situação, pergunte como ela está lidando. Muitas pessoas sabem quando têm um problema, só não querem que os outros o fiquem apontando. Você se sairá melhor se a ajudar a encontrar a própria solução, em vez de trombetear a sua.

- Também é uma boa idéia expor seus pensamentos a alguém, antes de tentar dizer o que pensa. Os calmos conselhos de meu marido já me pouparam de muitos discursos do tipo "Vou dizer a ela o que realmente penso". A pessoa precisa mesmo ouvir, ou é você que está precisando falar? Como você se sentiria se estivesse no outro lado? Você está ajudando ou só desabafando?

- Colocar-se no lugar do outro vai ajudá-lo a escolher as palavras com mais cuidado. Um discurso forte e direto pode funcionar para o argumento final de um advogado, mas provavelmente você deseja fazer uma abordagem mais sutil. Declarações do tipo "Talvez eu saiba exatamente o que você está passando...", ou "Também foi difícil para mim, mas tal pessoa me sugeriu que..." não adiantam muito para suavizar o golpe. Não espere uma reação imediata. Talvez você tenha passado por uma verdadeira jóia, em termos de mudança de vida, mas provavelmente o outro precisará de um tempo antes que a "ficha" caia.

Seja dando, seja recebendo, pense bem no assunto e mantenha as perspectivas do outro em mente. Amigos de verdade sabem quando oferecer conselhos. E amigos inteligentes sabem quando aceitá-los.

QUEM ESTÁ ATORMENTANDO QUEM?

Na última vez em que uma amiga me disse algo realmente maldoso, eu:

A. Fiquei totalmente na defensiva e comecei a acusá-la de algo ainda pior.

B. Risquei-a da minha lista e nunca mais falei com ela.

C. Chorei durante dias porque ela me magoou.

D. Permaneci calma e me dei conta de que provavelmente ela estava apenas tendo um dia ruim.

Nunca fiquei mais magoada do que quando senti que uma amiga havia me decepcionado. Num minuto vocês são almas gêmeas, no outro você está se perguntando por que aquela amizade começara. Normalmente sou tão estressada que basta um comentário insensível para me levar direto à beira do precipício. Ainda bem que nem todos que conheço são assim tão sensíveis. Minha amiga Ann sabe o que realmente significa ser uma amiga.

Ela ganhou uma grande conta nova no ano passado, mas não conseguiria fazer tudo sozinha. Nós estávamos no mesmo negócio, portanto Ann repartiu comigo o trabalho de campo, com a concordância de que iríamos dividir os lucros. Parecia um projeto razoavelmente bom, mas conforme íamos avançando, descobrimos que o cliente era difícil, as pessoas reclamavam o tempo todo e, francamente, eu detestava trabalhar com eles. Foi uma das tarefas mais miseráveis da minha carreira. Para encurtar a história, comecei a sentir que havia ficado com a pior parte do acordo. Lá estava eu, fazendo aquele trabalho desagradável com aquelas pessoas antipáticas, e tudo o que Ann precisava fazer era cuidar das apresentações e da retaguarda. A última gota aconteceu quando tive de conduzir um programa de treinamento para um grupo de fumantes inveterados, numa sala sem ventilação.

Liguei para Ann naquela mesma noite e, muito irritada, disse que deveria ficar com uma parte maior do dinheiro porque estava trabalhando muito mais do que ela. Ann escutou minhas queixas e desabafos furiosos por uns poucos minutos, depois respondeu. Uma amiga menor teria salientado que, para começar, o cliente era dela e eu não tinha nada do que reclamar. Ou então diria que desse o fora, ela encontraria outra pessoa. Mas não foi o que ela fez.

"Parece que foi um dia difícil, mesmo, e você não está se sentindo muito valorizada", disse Ann. E estava certa, pois eu não estava zangada com ela, mas sim com eles. Felizmente uma de nós teve a inteligência e a maturidade para perceber isso.

LAMPEJO

Toda ação não é uma reação a você.

Uma das coisas em que já reparei sobre as pessoas, incluindo eu mesma, é que temos muita dificuldade em levar em conta o estado de espírito da outra pessoa. Toda vez que elas agem de forma negativa ou um tantinho irritadas, nós já presumimos que isso tem algo a ver conosco. Nossa primeira reação é pensar sobre o efeito que esse comportamento provoca em nós, em vez de, em primeiro lugar, pensar por que a pessoa pode estar agindo assim.

Detesto lhe dar esta notícia, mas você não é o eixo em torno do qual o mundo gira. Muitas de nós começam a entender esse conceito depois de uns poucos anos criando seus filhos, trabalhando para sobreviver ou convivendo com alguém que ainda pensa que é o eixo. Mas é difícil aplicar as mesmas regras aos nossos amigos. Afinal, essas não são as pessoas que não deveriam querer nada de nós?

Talvez elas não queiram nada, mas talvez possamos dar assim mesmo. Se você já perdeu as estribeiras com um filho, com o patrão, um cliente, um funcionário ou com o marido, duvido que tenha recebido de volta o mesmo tratamento que Ann me deu. As mulheres realmente estão no topo da cadeia alimentar, no que se refere a essa habilidade especial. E a única maneira de obtermos esse tipo de apoio é se fizermos o mesmo umas com as outras.

Se uma das suas amigas começar a agir como uma louca, afaste-se da situação imediata e tente descobrir o que está acontecendo com ela. Ela está nervosa e rude por se encontrar tão estressada que nem consegue pensar direito? Talvez não tenha retornado seus telefonemas porque os filhos estão doentes e ela deixou tanto trabalho atrasado que precisa ficar acordada a noite inteira para colocá-lo em dia.

Se você for uma amiga como Ann, conseguirá até mesmo ficar calma se ela "descarrega" tudo sobre você. Talvez esteja com ciúme do que quer que você tenha e ela não. Ou talvez apenas teve um dia péssimo, e você é a única pessoa com quem se sente segura para desabafar. Não estou lhe pedindo que banque a terapeuta. E, certamente, não espero que você fique suportando uma amizade unilateral.

Estou sugerindo que dê uma chance às suas amigas verdadeiras. Mais uma vez, não se trata de aceitar menos, mas de ter mais. Uma vez que perceber que tudo o que ela diz nem sempre é direcionado a você, passará bem menos tempo preocupando-se com isso. E provavelmente irá fortalecer a amizade nesse processo.

Olhar as coisas pela perspectiva do outro tampouco se aplica apenas ao presente. Já conheci muitas mulheres adultas que ainda estão remoendo mágoas antigas, infligidas anos antes por alguém que estava fazendo o melhor que podia na época. Se você ainda está aborrecida porque a sua cunhada se comportou muito mal no seu casamento, ajudaria lembrar que ela, na ocasião, tinha apenas vinte anos.

Além da idade e do estado de espírito, se a coisa aconteceu um milhão de anos atrás, você também precisa levar em conta o contexto social da época. A análise dos relacionamentos pessoais é algo relativamente moderno. Quantos livros como este estavam disponíveis na época da sua mãe? Os únicos conselhos que minha mãe obtinha eram os do dr. Spock e das revistas femininas. Matérias como: "Legumes, Frescos ou Congelados?" não eram exatamente apropriados para o despertar da consciência.

Se o incidente aconteceu há algum tempo, esqueça e siga em frente. É bem provável que a outra pessoa nem pense mais nisso e você está desperdiçando um espaço cerebral valioso guardando a mágoa. Você não pode reescrever o passado, mas pode começar a fazer uma diferença no futuro.

Na próxima vez em que uma amiga a deixar magoada, pense no que está acontecendo com a vida dela antes de levar para o lado pessoal. Se estiver disposta, tente ficar calma e perguntar. Você pode ser a única a fazer isso. Lembre-se, o que vai sempre volta, e, uma vez que você demonstra que está realmente ao lado dessa amiga, duvido que ela esquecerá. Ann recebeu alguns créditos em sua conta de amizade, e você também merece alguns na sua.

MARIA ORGULHOSA

Sempre que alguém tenta me ajudar com alguma coisa, eu:

A. Sinto-me profundamente envergonhada por pensarem que preciso tanto de ajuda.

B. Nem acredito que ela me julgue uma fracassada tão grande a ponto de precisar de socorro.

C. Desejo ser uma dessas pessoas tão equilibradas que são capazes de fazer tudo sozinhas.

D. Aceito com a maior boa vontade.

Existe um antigo provérbio nigeriano que diz: "Segure um verdadeiro amigo com as duas mãos". Eu acho que muitas de nós permitem que nossos amigos usem apenas uma. Nós fazemos algo de bom para outra pessoa, mas é mais difícil deixá-la fazer o mesmo por nós. Eu sei que sempre que uma amiga me faz um favor não me sinto completamente à vontade enquanto não o retribuo.

Jane era assim. Ela é instrutora na minha academia de ginástica e, na minha opinião, é uma das melhores. Jane utiliza de tudo, desde trilhas sonoras de espetáculos da Broadway até músicas de quadrilhas para nos manter dentro do salão de ginástica. Como ela diz:

"Levei algum tempo para me dar conta de que não precisava ser uma professora chata. Não sou nenhuma garota de vinte anos com o traseiro durinho, mas sim uma mãe de quarenta anos que quer perder alguns quilos, exatamente como todas as outras. Essas pessoas forçaram-se a vir para a aula de ginástica, portanto o mínimo que posso fazer é me certificar de

que se divirtam um pouco. Sei que essa é a única coisa que muitas dessas mulheres fazem para si mesmas, o dia inteiro. Quero que seja divertido, não amedrontador".

Esqueçam as musculosas, nós adoramos Jane. E não são apenas as alunas. Ela participa ativamente da igreja, da associação de pais e mestres, e tenho plena certeza de que se eu mudasse para a casa ao lado da dela, estaria na minha porta antes mesmo que o caminhão chegasse. Jane adora fazer coisas para as outras pessoas, e não creio que já a tenha visto sem um sorriso no rosto.

Não que seja aquela chata Rainha da Perfeição, veja bem. Ela já levou um tombo na frente da classe inteira, suas unhas estão sempre um horror, e diz que na casa dela o *ketchup* conta como legume. O fato de ser tão segura e de rir dos próprios defeitos é que nos faz gostar tanto dela.

Mas ninguém estava rindo quando, pouco antes de completar 39 anos, Jane descobriu que tinha câncer. Um dos seus seios estivera meio estranho durante algum tempo, então ela procurou o médico para checar. Nos exames iniciais ele não encontrou nada, mas Jane insistiu que havia algo errado. Novos exames foram feitos e realmente havia um tumor, pequeno, porém maligno. Ela conhecia o próprio corpo, saiu à frente e detectou-o cedo o bastante para um bom prognóstico. Mas ainda era câncer. Jane teve de ser operada e passou por várias sessões de quimioterapia e radioterapia.

Mas sendo Jane quem era, não foi surpresa o apoio que recebeu de todos. Todo o pessoal da igreja, da vizinhança e da academia queria estar presente para ela. Apareciam no hospital, ofereciam-se para cuidar das crianças e para levá-la às consultas com o médico. Veja como Jane reagiu:

"Foi impressionante. Eu não podia acreditar que contava com tantas amigas. Jamais conseguiria superar tudo se não fosse por elas. Eu sentia que precisava ser forte para os meus filhos, e muitos maridos não conseguem lidar bem com uma doença da esposa. Foi muito confortador saber que outras pessoas seriam fortes por mim. O apoio emocional que recebi realmente ajudou".

No entanto, as ofertas de ajuda para os assuntos da casa foram uma outra história.

"Eu adorava que as pessoas me visitassem; os cartões e as cartas significaram muito. Mas quando organizaram um plano para as refeições da minha família, achei que já era demais. Resisti bastante a esse tipo de ajuda porque me senti culpada: elas não deveriam estar nos alimentando.

"Mas, então, percebi que talvez essas pessoas quisessem ajudar para o benefício delas mesmas, tanto quanto para o meu. O fato de não querer ajuda era uma coisa minha, algo que eu tinha de experimentar.

"Demorou algum tempo, mas acabei entendendo — as pessoas desejam ajudar, e agradecer a elas as faz sentir muito melhor do que recusá-las."

LAMPEJO

Aceitar ajuda é um dom tão grande quanto oferecê-la.

Você sabe por que muitas pessoas dizem que não podem ou não querem aceitar ajuda? Por orgulho. Em minha opinião, o orgulho é uma emoção justificável quando se faz algo de bom ou bem-feito. Recusar a ajuda de um amigo não é algo bom, é malfeito. É impedi-lo de segurar com as duas mãos.

Você gosta de saber que fez uma diferença para alguém. Não acha que seus amigos merecem a mesma coisa? Se ficarmos tão envolvidas em tentar provar que somos perfeitas, nunca teremos a chance de deixar que façam. Nem toda oferta de ajuda é uma indicação de que a pessoa acha que você precisa, é apenas um meio de lhe dizer que ela quer dar. Um agradecimento sincero permite que a pessoa se sinta muito melhor do que se ouvir as desculpas sobre como você não precisa de ajuda.

Algumas de nós não conseguem aceitar um simples elogio. Você sabe do que estou falando. Quantas vezes você elogiou alguém sinceramente, apenas para ouvir que estava errada? Eu não sou assim tão boa, certa, bonita, organizada ou seja lá o que for, tanto quanto você diz. Por um lado não precisamos de ajuda, mas por outro, Deus nos livre de alguém dizer que fizemos alguma coisa direito. Não venha me dizer que sou a única que já se matou de trabalhar para completar uma tarefa, depois saiu por aí dizendo que não era nada demais. Ou passou horas se certificando de que tudo estava correto, depois começou a apontar as falhas a qualquer um que a elogiasse.

Diante disso, esse poderia parecer o comportamento adequado a uma rainha da "antiperfeição", mas creio que se origina no mesmo lugar. As pessoas perfeitas supostamente devem ser aquelas que dão, não as que recebem. Seja ajuda, seja elogio, todas nós relutamos muito em admitir que precisamos. Aquela vozinha dizendo: "É melhor dar que receber" foi inculcada em nós desde os nossos pais até o catecismo. Por mais verdadeiro que seja, representa um pequeno probleminha logístico, se formos todos na mesma direção.

Se uma amiga disser ou fizer algo de bom para você, pense em dar a ela o tipo de reação que você mesma gostaria de receber. Se oferece ajuda, dê a ela o presente de aceitá-la. Aceite de boa vontade e diga quanto significa para você. Orgulhe-se da maneira como aceitou, e não da maneira como recusou. Isso não quer dizer que você é incapaz de lidar com as coisas, significa apenas que não precisa.

Você pode achar que suas amigas são as últimas pessoas de quem deveria aceitar ajuda. Afinal, elas já não estão sobrecarregadas com sua própria vida? Talvez. Mas pense que, quando reclamamos de quanto estamos fazendo, o que realmente nos incomoda é que ninguém está reparando. Aceite alguma ajuda, para que possa ser aquela que repara.

Se você é aquela que oferece, facilite a aceitação. Ofertas vagas do tipo "qualquer coisa que eu possa fazer" obrigam a pessoa a lhe pedir por algo específico. É como se você estivesse dizendo: "Diga-me quando não conseguir mais lidar com a sua vida sozinha, e eu vou ajudá-la". Se você é uma amiga, conhece a pessoa o suficiente para saber como vai ajudar. Pense em como você estaria se sentindo se estivesse na mesma situação. Faça o que quer que seja, algo pequeno ou maravilhoso que acha que ela vai gostar, e certifique-se de que a sua amiga saiba que significou tanto para você quanto para ela.

Eu acho que uma das razões por que temos tanta dificuldade em aceitar elogios é porque não temos muita prática em ouvi-los. Assim, talvez você também queira contemplar suas amigas com um ou outro elogio de vez em quando. Mas tenha cuidado, pois a falsa bajulação não convence. E comparações favoráveis consigo mesma também não contam. Comentários como, "Ah, a sua casa, o seu corpo, os seus filhos, seja lá o que for, são tão maravilhosos... sobretudo se comparados com os meus" servem apenas para que ela lhe retribua o elogio. Um elogio verdadeiro é uma declaração sincera de como a sua amiga está se saindo bem.

Se você está recebendo o elogio, tente considerar a possibilidade de a pessoa estar certa. Só porque nem todos os pedacinhos da sua vida são perfeitos não significa que você não possa se orgulhar do que está funcionando direito. Quer melhorar o dia de alguém? Olhe a pessoa nos olhos, sorria e diga que ela melhorou o seu. As pessoas gostam de ajudar as outras a se sentir bem, então relaxe e aproveite.

Ficar mais próxima das amigas não significa mais trabalho, e sim menos. Menos trabalho em manter a imagem perfeita e revelar mais da verdadeira você. Assim que perder os fingimentos, você será capaz de fazer e manter amizades verdadeiras. Tudo o que as pessoas querem de você é permissão para fazerem o mesmo.

LAMPEJO

A perfeição não perdura; os amigos, sim.

Enfim, a maneira de conseguir mais amigas é ser uma amiga. Isso significa aceitar conselhos tanto quanto fornecê-los, ouvir tanto quanto falar. E, sim, aceitar alguma ajuda ou elogios de vez em quando. Você sabe que superou a história de perfeição quando suas amigas podem juntar-se a isso e também admitirem. Apóiem-se umas nas outras com as duas mãos. Elas merecem, e você também.

CAPÍTULO SEIS

O QUE VOCÊ ESPERAVA?

"Aprendi pela experiência que a maior parte da nossa felicidade ou infelicidade depende das nossas disposições, e não das circunstâncias."

— Martha Washington

QUE LADO É PARA CIMA?

Não sei quanto a vocês, mas sempre que começo um novo empreendimento, eu faço uma imagem mental de como tudo vai ser ótimo. Não importa que seja o casamento, a maternidade, ou um purê de batatas. Sou sempre uma otimista "de cara". É o processo real que em geral me derruba. De alguma forma, as coisas nunca correm tão suavemente quanto planejei.

JoAnn também é assim. Muitos anos atrás, quando ela e o marido estavam no início da faculdade, planejaram um acampamento e canoagem com vários outros estudantes. JoAnn não tinha experiência alguma, mas não iria deixar que isso a atrapalhasse. O que lhe faltava em experiência sobrava em termos de idéias para os preparativos. Ela providenciou uma barraca enorme, todos os equipamentos para *camping* que havia disponíveis e juntou todo tipo de comida que pudesse ser preparada no acampamento. Isso foi numa época em que as pessoas iam ao cabeleireiro uma vez por semana, portanto ela marcou sua hora para um dia antes de partirem. Pesadamente carregada e devidamente penteada, ela estava pronta para se divertir.

Se você é do tipo que gosta da vida ao ar livre, provavelmente já está tendo um ataque de risinhos ao imaginar JoAnn com seu novo penteado tentando espremer todo o equipamento e a comida dentro de uma canoa estreita. Calculo que quando ela ouviu dizerem que iriam remar no rio, estava imaginando uma cena tirada de *Tom Sawyer*, em que um grande motor a vapor impulsiona o poderoso *Delta Queen* pelas águas.

Apesar da desilusão inicial, eles saíram. JoAnn provou ser totalmente inepta no que se referia aos remos, portanto o marido pediu que ficasse como navegadora. Eles tinham sido avisados de que haveria algumas correntezas ao longo da rota, e era função dela procurá-las e detectá-las. Você pode imaginar a surpresa que teve quando viu que as "correntezas" não eram apenas um lugar onde o rio corria mais rápido, mas sim vários perigosos turbilhões e cachoeiras que se seguiam um depois do outro.

Não havia como seu marido ultrapassá-las sem a ajuda dela. Antes de atingirem a primeira, ele avisou: "Eu vou conduzir o leme, você apenas rema para trás quando eu lhe disser". A canoa atingiu a correnteza, sacudindo e rodopiando. "Reme para trás, reme para trás!", ele gritava. JoAnn continuava remando, mas a canoa ficava girando em círculos. Ele gritava ainda mais, ela continuava remando, e foram girando até a outra extremidade. Estavam ambos exaustos, ensopados até os ossos, e grande parte do equipamento fora perdida. Toda a excursão fora um fiasco. E o fato de o barco não ter virado foi um milagre.

Rapidamente abandonaram a idéia de seguir em frente, e quanto menos acampar com o restante do grupo para passar a noite. Chegaram ao primeiro ponto de ônibus que encontraram e foram até onde o carro se encontrava estacionado. Seguiram para casa, trocando olhares fulminantes durante todo o trajeto. JoAnn, que agora fora atacada por uma enxaqueca daquelas e estava desesperada por uma aspirina, finalmente sugeriu que parassem. Encontraram um posto com uma lanchonete e, quando sentaram para tomar um café, a inevitável briga explodiu.

— Eu disse para você remar para trás! — ele gritou. — O que você pensa que estava fazendo?

— Eu estava remando para trás! — ela berrou de volta. — Toda vez que você gritava comigo, eu mergulhava o remo na água e o empurrava na direção da parte de trás da canoa, com toda a minha força.

Se você conhece alguma coisa sobre canoagem, sabe que empurrar o remo na direção da parte de trás do barco significa, na verdade, remar para a frente. Agora, antes que pense que JoAnn é totalmente ignorante, deixe-me lembrá-la de que isso aconteceu 25 anos atrás. Não havia programas sobre esportes radicais na tevê, as mulheres não "malhavam" para ter o corpo musculoso, e as lojas de roupas esportivas femininas ainda não existiam. Ela nunca havia acampado antes. Como poderia imaginar que "para trás" na verdade significava "para a frente" e que um rabo-de-cavalo seria o penteado mais adequado para aquela ocasião?

Tudo o que sabia era que os amigos disseram que seria divertido. Ela achou que esse divertido significava bebericar um refresco deitada numa rede na sombra.

LAMPEJO

Quando você começa com a imagem errada, nunca ficará feliz com os resultados.

JoAnn não sabia de nada acerca de canoagem, portanto não foi culpa sua ter sonhado com a imagem errada. Muitas de nós também somos tão carentes de informações factuais quando se trata de outros empreendimentos. Mas não é como se começássemos do nada. Temos sido alimentadas com a imagem ideal de tudo, desde o casamento até a maternidade, desde o nosso trabalho até o tamanho da nossa cintura. Podemos não ter os fatos, mas com certeza temos as fantasias.

Stephen Covey disse: "Comece com o final em mente". Bem, eu creio que muitas de nós se confundem um bocado sobre qual é o final a ser atingido. Aquelas imagens perfeitas estão calcadas tão profundamente em nosso imaginário que presumimos que elas sejam o objetivo. Mas combinar nossa vida com a imagem não é o que a faz ter importância.

Talvez as coisas não estejam correndo exatamente da maneira como você planejou, mas pode não ser por sua culpa, talvez você tenha o final errado em mente. Reserve um minuto para pensar sobre o que realmente está buscando. É uma vida que transcorre tranqüilamente a cada segundo do dia ou a coisa mais importante dando certo no final? É aquele jantar maravilhosamente apresentado ou uma noite divertida com os amigos? É uma carreira de poder ou um trabalho de que você gosta? É um casamento sem brigas ou uma parceria duradoura? É uma casa que poderia ser fotografada por uma revista de decoração ou um lugar onde a família se sente bem? São filhos esplendidamente bem-comportados ou adultos que saberão viver por contra própria?

Nem sempre a solução é remar com mais força. Você não vai querer esperar que tudo esteja terminado e acabe sentada numa lanchonete de estrada, antes de finalmente descobrir qual é a direção certa. Vamos examinar umas poucas situações "importantes" da nossa vida e pensar sobre os objetivos verdadeiros. Essas situações talvez não se apliquem a você, pelo menos não atualmente. Mas seja uma boa camarada e leia assim mesmo. Você nunca sabe quando uma daquelas amigas *não-é-a-minha-vida* poderá aparecer.

CHORANDO UM RIO

Posso dizer que alguém é uma excelente mãe quando:

A. Ela leva os filhos a um restaurante cinco estrelas e as crianças pedem os pratos em francês.

B. Seus filhos andam sempre de mãos dadas e foram ensinados a oferecer uns aos outros o último pedaço de doce, em vez de brigar por ele.

C. Ela pode usar uma roupa de seda, segura de que mãozinhas sujas e respingos não se aplicam à sua família.

D. Ela liga para a melhor amiga todos os dias, implorando um pouco de apoio moral.

Podemos ter aquela imagem perfeita em mente quando se trata de alguns aspectos da nossa vida, mas, no que se refere à maternidade, é uma imagem em *tecnicolor*. A pessoa perfeita que todas nós achamos que está por aí provavelmente é uma mãe. A despeito de tudo o que aconteceu durante a nossa própria infância e das evidências diárias em contrário, a visão dela nos assombra. Ela nunca grita, serve refeições balanceadas na hora certa, está sempre calma e nada em sua vida dá errado.

Todas as mães que conheço, eu mesma incluída, comparamse com o modelo da Mãe Perfeita, e sempre saem perdendo. Somos tão estressadas nesse aspecto que eu poderia escrever um livro apenas falando sobre isso, e talvez ainda escreva. Quando se trata de filhos, a perfeição nem mesmo começa a descrever os padrões que nos impusemos.

Se você acha que o resto do mundo perpetua a perfeição em outras áreas, experimente ser mãe! Podemos até ser capazes de descartar alguns dos conselhos sobre a melhor maneira de uma executiva se vestir, mas quando se trata da maternidade, é difícil ignorar toda uma indústria dedicada a ajudá-la a ser melhor. Não apenas estamos determinadas a criar a infância perfeita para nossos filhos mas iremos também documentá-la com fotos reunidas criativamente num álbum.

A maternidade não é para as covardes, como qualquer mãe já sabe. Tudo pode começar muito bem, com chás de bebê e a decoração do quarto, mas todo aquele sangue e dor durante o parto é a primeira indicação de que nem tudo serão apenas abraços e sorrisos. E se você se tornar uma mãe adotiva, o sofrimento, o trabalho, sem mencionar o dinheiro, exigidos para chegar lá também são um sinal do que vem por aí.

No entanto, apesar desses sinais indicadores, muitas de nós ainda se agarram à idéia de que a perfeição existe, e que, se dermos duro o bastante, acabaremos por encontrá-la. Eu mesma estou nessa função há anos e ainda me convenço de que sou capaz de fazer tudo dar certo. Embora tenha acabado de passar por uma situação com a minha filha mais velha que foi tudo, menos perfeita.

Ela precisava usar um tapa-olho em um dos olhos para corrigir a visão. Se você nunca usou, posso afirmar que é algo muito desagradável. Basicamente é um Band-Aid grande usado sobre o olho sadio, para forçar o outro a funcionar melhor. No caso dela, o processo está adiantando, mas não muito rápido. Nas primeiras semanas minha filha até que aceitou bem, porém logo a novidade acabou e ela começou a tirá-lo. Mas o médico dissera que tínhamos um período curto de tempo para corrigir a visão, portanto ela teria de usá-lo durante o dia inteiro, todos os dias.

No início tentei todos os tipos de recompensa, mas quando isso não funcionou, acabei me transformando numa polícia do tapa-olho. Escrevi recados para a professora. Os pais das amiguinhas de minha filha foram alertados para o fato de que ela não podia retirá-lo. Cheguei até o ponto de aparecer na escola durante o recreio. Como você pode imaginar, isso não fez com que ela gostasse mais de mim.

Tivemos um sem-número de conversas do tipo "vamos ver como podemos lidar com isso juntas", porém, envergonho-me de dizer, várias vezes acabei perdendo a paciência. Numa dessas ocasiões acredito que minhas exatas palavras foram: "Pare de choramingar, é para o seu próprio bem, FAÇA O QUE ESTOU MANDANDO!", gritadas uns três decibéis acima do volume da mamãe perfeita. Esse episódio em especial terminou com um bater de porta (dela) e um travesseiro molhado de lágrimas (meu). Quando comentei o incidente com JoAnn, dias mais tarde, ela disse:

> *"Sabe, eu havia me esquecido, mas quando estava no colegial precisei usar um tapa-olho. Agora que estou me lembrando, também tive muitas brigas com minha mãe por causa disso. Acho que não há como contornar. Será muito ruim, não importa a maneira como você tente lidar com isso".*

Ela estava com a razão. Foi um horror. Aquela pobre criança tinha de usar um tapa-olho durante dez horas por dia e eu era a sua executora. Não havia nenhuma maneira de fazer com que aquilo ficasse menos desagradável para qualquer uma de nós. A única coisa que tornava tudo pior era a minha própria autoflagelação por não ter conseguido transformar o episódio numa experiência prazerosa.

Todas as revistas, terapeutas e apresentadoras de programas de rádio nos convenceram de que a maternidade perfeita é a cura para todos os males dos nossos filhos. Recebemos conselhos sobre como lidar com tudo, desde a rivalidade entre irmãos até a pressão causada pelo divórcio dos pais. E cada mínimo pedacinho disso insinua que os cuidados apropriados da mamãe serão capazes de deixar tudo bem.

Nossos filhos estão brigando de novo? Deveríamos lhes dedicar mais atenção e tempo para que se sentissem mais seguros. Nosso garotinho mordeu outra criança no prezinho? Deveríamos ter ensinado outras formas mais adequadas de desabafar a raiva. As crianças se comportam terrivelmente no restaurante? Deveríamos ter ensinado tudo direitinho antes de sair de casa. Não conseguem fazer as tarefas sem que você mande mil vezes? Deveríamos criar um gráfico de tarefas, completo, com estrelas e adesivos coloridos. As crianças ouviram uma briga de gritos entre os pais? Deveríamos ter demonstrado uma habilidade mais apropriada para a solução dos conflitos.

Embora alguns desses conselhos possam até valer a pena, todas essas soluções nos fazem sentir que, sempre que algo dá errado, foi por nossa culpa. Alguém já parou para pensar que talvez seja apenas a natureza da fera? As crianças estão choramingando, brigando, escapando pela tangente e preferindo doces a legumes desde o início dos tempos. As mamães das cavernas não achavam que fosse por culpa delas, porque não tinham o resto do mundo "buzinando" em seus ouvidos a melhor maneira de agir.

Além dessas amolações do dia-a-dia, outra coisa em que reparei é que não conseguimos suportar quando nossos filhos mostram-se nada menos do que eufóricos. E Deus nos livre se estiverem irritados, desconfortáveis, aborrecidos ou infelizes. Se a mamãe estiver fazendo tudo certo, esse tipo de coisa jamais pode acontecer. O fato de que a minha preciosa princesa tivesse de passar pelo desconforto e constrangimento de usar um tapa-olho deixou-me absolutamente histérica. Afinal, eu não deveria protegê-la de coisas como essa? Não deveria ter percebido o problema mais cedo? Eu tinha de descobrir uma maneira de consertar as coisas sem lhe causar tanta angústia.

LAMPEJO

Você não está tentando criar uma infância perfeita, está tentando criar um adulto atuante.

Não sei se você está tentando recriar a infância que pensa que teve ou aquela que gostaria de ter tido. Mas posso apostar que está procurando uma infância sem lágrimas, gritos, bagunças nem brigas. Todas as vezes que essas fraturas aparecem no cenário, consideramos que seja uma evidência de que não estamos à altura da função. Mas essas coisas não provam que você está fazendo errado, apenas provam que está fazendo.

Sei que todas queremos o melhor para nossos filhos, mas você precisa pensar realmente nos seus objetivos. Se todos os momentos da infância deles forem perfeitos, como vão se sentir quando adultos? Você acha mesmo que seu filho vai valsar através da vida sem nunca ouvir um grito, nunca ser tratado injustamente, nunca ser ignorado? Ou talvez esteja acalentando a ilusão de que a vida dele jamais incluirá mágoas, comida queimada ou trabalho difícil? Acredite, é muito mais duro lidar com as dificuldades quando elas nos pegam de surpresa.

Você não precisa criar desarmonia ou problemas, eles vão acontecer quer você queira, quer não. Mas se ficar se maltratando cada vez que isso acontece, acabará cheia de hematomas. Nunca a imagem perfeita em sua mente é mais irreal e contraproducente do que quando se trata da maternidade. Na minha humilde opinião, é o maior lugar em que merecemos nos libertar dela.

Assim que você olhar para o quadro mais amplo, verá os problemas como eles de fato são: parte do processo. E se tem filhos, esse processo inclui brigas, sujeira, compromissos perdidos e talvez até uns poucos episódios de piolhos ao longo do caminho. Você não está procurando a perfeição, está procurando o melhor. E o melhor significa perceber que preparar os filhos para a idade adulta não significa garantir que sejam felizes 24 horas por dia.

Minha teoria pessoal é que, se você nunca ouviu um dos seus filhos gritar "Eu odeio você, odeio você, odeio você!" e depois correr chorando para o quarto, não está fazendo o seu trabalho. Ou você é incuravelmente permissiva, ou seu filho é tão reprimido que provavelmente vai morrer com uma úlcera antes de completar trinta anos. Meu pai coloca de outra maneira: "Se seus filhos nunca tiveram nenhum problema, você está criando as pessoas mais chatas do mundo". Bem, eu e meus irmãos devemos ser pessoas muito excitantes.

Se você não está se sentindo muito bem com o seu trabalho em relação à maternidade, dê uma olhada nos padrões que usa para essa medida. Está em busca da imagem ou preparando seus filhos para a realidade? Lembre-se, os relatórios e avaliações de desempenho para essa tarefa só chegam no final, quando os próprios *trainees* têm de começar os seus trabalhos. Quando o fazem, geralmente se mostram bem mais dispostos a perdoar os nossos métodos.

Desde que trinta anos é um tempo longo demais para esperar algum *feedback* significativo, sugiro que você mesma se dê um agora. Ou, melhor ainda, você e algumas das suas amigas *dentro-das-trincheiras* podem fazê-lo umas às outras. Na próxima vez em que estiverem sobrecarregadas, tirem alguns minutos para lembrarem umas às outras que infâncias perfeitas não resultam em adultos perfeitos, resultam em pessoas despreparadas e desapontadas.

Se você está se destacando na maternidade, posso lhe dizer que já está fazendo uma diferença. Não existe ninguém que ame seus filhos tanto quanto você, e tenho certeza de que ninguém se esforça tanto para certificar-se de que eles se saiam bem. Se a casa bagunçada, as refeições rápidas e os "ataques" ocasionais estão fazendo com que você se sinta inadequada para a tarefa, tenha em mente o seguinte: seus filhos vão se comparar com você algum dia. Você quer ser a imagem perfeita que os assombra ou aquela que lhes deu a permissão para errarem um pouco de vez em quando? Faça um favor a todo mundo e mantenha os padrões num nível razoável.

Seus filhos podem ter apenas uma chance na infância, mas a maternidade ativa também dura por um período muito curto. Você não acha que merece desfrutá-la? Pare de permitir que a busca pela perfeição estrague tudo. Só porque ela é barulhenta, confusa e suja não significa que está saindo tudo errado. Normalmente significa que está dando certo.

O PROBLEMA COM O TRABALHO

Do que mais gosto no meu trabalho é:

A. O fato de que sempre sou capaz de fazer tudo exatamente como deve ser feito, e nunca me atraso com nada.

B. Como todos se esforçam para tornar cada experiência a mais pessoal possível.

C. O ritmo tranqüilo, que me fornece tempo de sobra para conversar com minhas amigas.

D. Quando o termino.

No que se refere ao trabalho, as mulheres esperam mais do que os homens, pelo menos em termos de realização emocional. Muitos homens que conheço cresceram com a idéia de que o trabalho seria árduo e difícil e, desde que tinham de fazê-lo de qualquer maneira, seria melhor irem se acostumando com isso. Faça bem e direito e você pode ganhar dinheiro de verdade, além de um pouco de reconhecimento ao longo do caminho. A felicidade era o resultado, não parte do processo.

As mulheres são diferentes; nós queremos que nosso trabalho signifique alguma coisa para nós e para os outros. Afinal, as excelentes carreiras não são algo que as mulheres como minha mãe não puderam ter? É um bocado difícil não ter expectativas elevadas quando toda a geração que a antecedeu lutou tanto para pavimentar o seu caminho. Bem, você pode adorar o seu emprego, mas todas as matérias que eu leio delineando os passos para a aposentadoria precoce levam-me a acreditar que alguém mais não está assim tão apaixonada pelo dela.

Converse com qualquer mulher a respeito do trabalho, por qualquer extensão de tempo, e você descobrirá que sempre existe algo de que ela não gosta. Ou alguém. Pode ser o chefe, os colegas, os clientes ou subordinados, mas creio que alguém ali está impedindo que seja da maneira como deveria ser. Talvez levem muito a sério, talvez não levem a sério o bastante. Às vezes dão instruções demais, às vezes de menos. Trabalham muito devagar ou muito depressa. Conversam demais ou não conversam. Seja pelo fato de não estarem suficientemente comprometidos, seja por você pensar que deveriam estar comprometidos, aposto que você fica mais irritada com eles do que com o trabalho em si.

Os homens podem ter as mesmas frustrações, mas parece que não levam as coisas pelo lado pessoal tanto quanto nós. Eles mal conseguem se lembrar do que um colega falou durante o almoço, quanto mais ficarem acordados à noite ruminando sobre isso. Mas quando você está programada para a conexão com pessoas, é natural que processe as coisas por uma perspectiva pessoal.

Eu estava lendo uma entrevista de um famoso treinador, que falava sobre a diferença entre treinar mulheres e homens. Ele disse: "Você pode encarar um time de homens e lhes dar um sermão sobre como todos precisam fazer mais exercícios, e os sujeitos vão olhar em volta e pensar 'Eu estou em ótima forma, mas ele está certo, o restante dessa turma de fato precisa melhorar os músculos'. Diga a mesma coisa para um time feminino, e cada jogadora presente vai pensar que você está falando especificamente a respeito dela".

É fácil perder a perspectiva se você apenas enxerga as coisas do seu ponto de vista. Tenha em mente que as outras pessoas não têm na cabeça a mesma imagem perfeita que você. E quando se trata de trabalho, em geral a sua imagem é uma pequena peça da maior. Mas as mulheres não são as únicas que às vezes perdem a visão disso. Meu amigo Steve trabalha para uma pequena empresa de treinamento e ficou um bocado espantado pela maneira como a sua chefe, a presidente, estava lidando com a expansão:

"Ela estava realmente determinada a fazer todas aquelas aquisições. Procurava empresas pequenas que estivessem dispostas a vender; seus programas não eram tão importantes quanto os gráficos de lucros e resultados. Tudo o que importava para ela era fazer com que o balancete parecesse tão bom que a possibilitasse abrir para a venda de ações no ano seguinte.

"Todo mundo comentava sobre quanto ela exigia de nós, até que, de repente, eu me dei conta... claro, ela estava focalizando os lucros, o dinheiro, e tinha sido para isso que o dono da empresa a contratara".

LAMPEJO

O objetivo do trabalho é obter dinheiro, não felicidade.

O seu trabalho pode deixá-la feliz de vez em quando, mas duvido que a sua organização tenha sido estabelecida com isso em mente. O principal aqui é que as empresas existem para os lucros, seja dos proprietários, seja dos acionistas. Mesmo que a sua organização tenha alguma grande missão sobre como beneficiar a sociedade, o que recebe mais páginas no relatório anual? Os esforços filantrópicos ou os financeiros?

Agora, antes que você fique enojada com esse bando de materialistas que governa o mundo, deixe-me perguntar uma coisa: Você apareceria para trabalhar se não ganhasse nada? Não quero insinuar que o trabalho seja apenas pelo dinheiro. O trabalho pode ser divertido, excitante, criativo e mais uma série de coisas grandiosas, mas estaremos nos predispondo ao desapontamento se esperarmos que seja assim o tempo todo. Para mim, essa foi uma lição difícil de aprender, mas quanto mais depressa você resolver essa questão do dinheiro, mais rapidamente compreenderá por que algumas coisas são do jeito que são.

Você pode trabalhar no serviço público servindo ao bem da humanidade, mas não se engane pensando que alguém não está verificando os seus livros também. Mesmo se trabalhar de graça para alguma organização não-governamental, a única maneira de continuar fazendo o que faz é se eles tiverem dinheiro para continuar mantendo-a.

Ouvi dizer que o local de trabalho está se transformando na nova comunidade. Isso pode ser verdade, mas acho a idéia um tanto desconcertante. Afinal, as comunidades geralmente são baseadas em pessoas, não em lucro. Elas se desenvolvem naturalmente à medida que as pessoas se conectam umas com as outras. O ambiente de trabalho simplesmente não se desenvolve; é estabelecido com uma agenda definida desde o começo. Não importa que a meta seja o lucro ou a produtividade, o objetivo número um é certificar-se de obtê-los.

Acho que uma das maneiras por que temos problemas com o trabalho é que falhamos em compreender seu verdadeiro propósito. Sabe aquelas pessoas com quem você sempre fica tão frustrada no trabalho? Elas não foram levadas para a organização porque alguém achou que vocês todas gostariam de se conhecer melhor. Elas foram contratadas porque alguém achou que tinham capacidade para fazer bem o trabalho. Trata-se de resultados. Quando as pessoas os obtêm, muitas empresas nem se preocupam muito em saber como foi que fizeram. E se você for uma acionista, duvido que queira que seja de outra forma.

Sua organização pode gastar um bocado de tempo e dinheiro em treinamentos para trabalho em equipe, mas não cometa o erro de pensar que esse é o resultado final. Como alguém que já conduziu algumas dessas sessões de treinamento, posso lhe assegurar que elas são feitos tendo sempre em mente o objetivo principal. Alguns dos indivíduos na sua organização podem gostar muito de você, mas a instituição em si existe por um motivo completamente diferente. Concentre-se nisso e ficará muito mais fácil lidar com o restante das coisas.

Quando você conhece os objetivos da empresa, não pode levar tudo para o lado pessoal. Se alguém lhe pede que faça mais tarefas do que deseja fazer, ou que faça de maneira diferente daquela que gostaria, não vá logo pensando que estão tentando infernizar a sua vida. Talvez essa pessoa esteja tentando fazer o seu próprio trabalho, e pedir mais de você seja a única maneira que ela sabe como fazer. Não importa se esteja tentando obter melhores resultados para ela mesma, ou se está apenas focalizada na tarefa que tem em mãos. O que quer que seja, provavelmente tem mais a ver com o chefe dela do que com você.

Talvez você seja a chefe e é aquela que está sendo pressionada pela turma de cima. Você sabe o que precisa ser feito; o problema é que o restante do seu pessoal simplesmente não entende. Antes de chegar à conclusão apressada de que é uma trama para derrubá-la, pare um instante para pensar o que mais eles estão fazendo. Você acredita mesmo que estão mancomunados para "tirá-la de campo"? Talvez estejam sendo empurrados em tantas direções que não conseguem ver as coisas direito. Ou talvez estejam sobrecarregados de trabalho, apenas não é o trabalho certo. Sem querer transformar isto aqui numa aula de gerenciamento, você poderia checar e ver se eles sabem o que você quer. Duvido que você tenha contratado algum mágico vidente, portanto não pode esperar que consigam ler a sua mente. Mesmo se chegar à conclusão de que são simplesmente preguiçosos, não acha que podem ter adquirido essa característica antes de irem trabalhar para você? A coisa mais importante para ter em mente, aqui, é que o desempenho deles tem mais a ver com eles do que com você.

Você sempre terá conflitos com as pessoas com quem trabalha, mas se tentar não levar para o lado pessoal, verá que não ficará "cozinhando" o assunto por muito tempo. Na verdade, descobri que uma vez que você percebe que as pessoas estão apenas tentando fazer suas tarefas, é capaz de passar por cima de algumas dessas logísticas de trabalho e ter um relacionamento verdadeiro, se quiser. Não precisa deixar de gostar delas só porque tiveram uma diferença de opiniões. Pense que elas não receberam o memorando sobre a sua versão da perfeição, por isso nem sempre pode esperar que concordem com ela.

O que me leva a outro problema que muitas mulheres têm no trabalho. Aquela imagem perfeita que estamos buscando inclui alguns padrões um bocado elevados da nossa parte, também. Você viu como o treinador disse que cada uma das mulheres acha que é a única que não se ajusta ao padrão. Além de levar tudo para o lado pessoal, penso que temos a tendência a focalizar mais no que não fazemos do que naquilo que fazemos. Por algum motivo, para nós é impossível sentir que realizamos um bom trabalho se ainda restou alguma coisa por fazer.

Minha amiga Ann não conseguia sentir-se confortável com as coisas feitas de maneira menos do que perfeita. Anos atrás ela ficou encarregada da divisão européia da sua empresa. O cargo era muito exigente, mas, com trabalho árduo, ela conseguiu realizá-lo. Justamente quando achava que tinha tudo sob controle, seu chefe lhe passou mais uma nova e grande tarefa. Não havia como desempenhá-la ao mesmo tempo que gerenciava todo o restante. Não sendo do tipo que choraminga, ela foi pró-ativa e procurou o chefe. Com toda a lógica, fez uma explanação das suas tarefas e do tempo que seria exigido para que fossem realizadas corretamente. Baseando-se nas prioridades, o que ele gostaria que ela fizesse e o que eliminasse?, perguntou. A resposta dele?

"Nada. Tampouco espero que você fique fazendo horas extras. Não precisa fazer tudo isso de maneira perfeita, simplesmente faça bem o bastante. Você se acostumou tanto a ser uma excelente aluna que acha que precisa tirar um dez em tudo. Contente-se com um seis nas coisas que não são assim tão importantes."

Esse sujeito é o chefe dos meus sonhos. Se você está com problemas em conseguir que tudo seja feito da maneira como gostaria, pergunte-se: o que de mau aconteceria se essa parte não fizer jus aos meus padrões? Se a resposta for "nada", siga em frente. Mais uma vez, trata-se dos resultados, e não do processo. Você vai sentir-se melhor por dar uma contribuição real, sem prender-se em minúcias.

Mas nem todos têm um chefe como o de Ann. Algumas de vocês podem estar passando pela desagradável experiência de trabalhar para alguém que acredita que a perfeição é o único jeito de fazer as coisas. Nessa situação, realmente caberá a você obter o máximo que puder de esclarecimentos acerca das prioridades. Não existe pelo menos um item nota seis? Se trabalha para um detalhista incurável, você, mais do que ninguém, precisa ter em mente o conselho sobre não levar as coisas para o lado pessoal. Não sei se ficam em cima de você por acharem que precisam ou porque não têm nada melhor a fazer. Mas antes que fique histérica, deixe-me lembrá-la: é função do chefe obter mais de menos. Ele não é pago para lhe dizer que você está fazendo tudo certo; sua mãe pode fazer isso de graça.

Às vezes as coisas têm de ser perfeitas o tempo todo. Eu sei que não iria querer ser operada do coração por um cirurgião que não fizesse tudo certo. E se estou passando de carro por uma ponte, quero que cada centímetro dela seja estável, não apenas 90%. Se você tem um trabalho desses, só posso dizer que tente diferenciar entre o trabalho e as condições. Talvez você faça o seu trabalho de maneira perfeita, mas é um bocado irrealista esperar que tudo o mais à sua volta seja assim. Certifique-se de que sabe o que realmente é importante. Contanto que a ponte seja segura, ninguém se importa se havia manchas de café no projeto.

Não levar as coisas para o lado pessoal e concentrar-se no quadro mais amplo torna mais fácil suportar o trabalho; mas, e quanto àquela parte significativa que estamos procurando? Existe algum meio de a encontrarmos, quando todo mundo está mais preocupado em ganhar uma "grana" e garantir coberturas? Acho que você pode. E nem precisa procurar muito.

Ganhar dinheiro e fazer uma diferença não precisam estar em conflito. Quando você despersonalizar todas as outras coisas, estará liberada para personalizar a sua parte. Não sei o que você faz, mas aposto que se o fizer bem estará afetando alguém. Podem ser os clientes, a equipe de gerenciamento, ou simplesmente as outras pessoas que conseguem manter seus empregos porque você faz o seu trabalho. As corporações talvez existam só no papel, porém as pessoas com quem você trabalha são de fato muito reais. Em vez de perder tempo questionando seus motivos ou metas, dê-lhes o benefício da dúvida e faça com que o momento de lidar com você seja o melhor do dia delas.

Acrescentar seu toque pessoal não significa que você tenha de reinventar a roda em todos os projetos. Na verdade, metade do tempo você se sairá melhor se nem mesmo tentar. Meu pai tinha um emprego em que precisava escolher revendedores para uma variedade de projetos diferentes. Apesar das orientações detalhadas que eram enviadas aos candidatos, muitos deles voltavam com alguma modificação exclusiva. Ele sempre se espantava. "Nós já dissemos a essas pessoas exatamente o que queremos que façam para entrarem no negócio. Por que elas simplesmente não fazem?"

Não quero abafar a sua criatividade, aqui, mas não torne as coisas mais difíceis do que já são. Se escreveram as instruções na caixa, limite-se a segui-las. Elas estão ali por um motivo. Nem sempre é necessário algum *flash* de brilhantismo, nem um QI elevado para fazer a diferença no trabalho. Às vezes é tão simples quanto fazer a tarefa que lhe foi indicada e torná-la significativa para você e as pessoas com quem interage.

Para algumas pessoas é bem fácil ver como seus trabalhos se conectam com os outros. Algumas de nós podem até ter escolhido sua profissão com isso em mente. Minha irmã, uma pessoa altamente motivada e ativa, trabalha na área de saúde pública, cuidando das comunicações da comunidade. Ela diz:

> *"A pessoa que ocupava este cargo antes de mim não fazia nada além de apenas seguir o fluxo. Será que ela não entendia? Este trabalho relaciona-se diretamente com a vida das pessoas e para nos certificarmos de que estão seguras. Não vou ficar enviando um monte de memorandos chatos que ninguém nunca vai ler. Quero ter certeza de que realmente estou fazendo alguma coisa por elas".*

Tudo se resume na maneira como você encara. Se tem esse tipo de atitude em seu emprego, estou certa de que faz um excelente trabalho e que é reconhecido por todos que a rodeiam. A parte mais difícil de um trabalho é não ficar aborrecida demais quando descobre que o resto do mundo não compartilha o seu zelo missionário. Tente ter em mente que nem todos têm um emprego tão interessante quanto o seu e que às vezes estão nele por tempo demais. E algumas de nós, loucas varridas, têm outro trabalho até mais duro fora do escritório.

Conciliar trabalho e família é um ato de equilíbrio que eu nunca senti que consegui dominar. Sei quanto é difícil, mas apenas porque você deseja colocar a família em primeiro lugar não significa que deva desfrutar menos o trabalho. Na verdade, sugiro humildemente que se tiver de deixar seus filhos para ir trabalhar, merece desfrutá-lo ainda mais. Não há como vestir meias-calças, contratar uma babá, entrar no carro e dirigir horas para chegar a algum lugar se não sentir que isso tem importância para alguém. Seria uma pena permitir que a culpa pelo que deixou para trás a impeça de ver quanto o seu trabalho é importante.

Se não pude ajudá-la a fazer que seu emprego seja mais significativo para você, posso dizer que, com certeza, o seu salário é. Apenas porque seu marido tem um emprego decente, não significa que você seja uma materialista insensível se também tiver um. A não ser que esteja torrando seu dinheiro em bilhetes de loteria ou comprando coisas de que a família não precisa, o salário que você ganha é importante para a sua família. Os homens consideram seus ganhos algo que fazem para a família, não contra a família. As mães solteiras entendem claramente esse conceito. As casadas também podem entender.

Não importa quais sejam as suas circunstâncias pessoais, você merece saber que seu trabalho é importante para alguém. Você passa a maioria das horas do dia nele, portanto concentre-se nas partes que realmente contam, e será bem mais agradável. Você não precisa mudar o mundo, pode simplesmente mudar a sua parte.

E TODOS VIVERAM FELIZES PARA SEMPRE

Quando eu era criança, sonhava que um dia encontraria um homem que:

A. Me deixaria nas nuvens com sua aparência maravilhosa e seu charme.

B. Me escreveria cartas de amor destinadas a se tornarem clássicos românticos, recitadas por futuras gerações de amantes.

C. Partilharia comigo seus mais íntimos pensamentos e emoções.

D. Apareceria quando eu realmente precisasse dele.

Se você tem algum tipo de relacionamento de longo prazo, provavelmente já superou a perfeição. Sejamos honestas, não há como dividir um talão de cheques, uma televisão e um banheiro com alguém e não deparar com alguns problemas. Mire-se em madre Teresa e talvez consiga manter os bate-bocas a um mínimo, mas qualquer uma que já conviveu com um homem poderá lhe dizer, não é nenhum piquenique. Acrescente o estresse de umas poucas crianças à mistura, e é de admirar que ainda consigamos sobreviver.

Muitas mulheres que conheço abandonaram a imagem perfeita bem cedo nesse jogo. Não é que não ansiamos por aquela conexão romântica de almas gêmeas com todas as fibras do nosso ser. Mas quando o outro lado recusa-se a ler, e muito menos a conversar sobre o mais recente teste da revista *Cosmo*, é bastante óbvio que teremos de desistir. Pelo menos dessa vez não precisaremos nos maltratar a respeito. Isto é, nós sabemos como deveria ser, não é por nossa culpa que ele não colabora.

Se você é como eu, provavelmente entrou no casamento convencida de que teria um relacionamento melhor do que aquele que seus pais tiveram. Fosse você ou ele que tivessem de desempenhar um novo papel, seria algo diferente. Certo? Nem tantas brigas, mais tempo juntos, mais comunicação e, com certeza, muito mais romance. Ah, e ele seria um participante muito mais ativo em toda aquela coisa da casa também. Bem, adivinhe. Talvez você tenha conseguido um novo modelo, mas provavelmente ele ainda veio do mesmo fornecedor. Mesmo se levou para casa um muito mais moderno, duvido que a garagem onde o estacionou foi tão diferente quanto você esperava que seria.

Exatamente como acontece com muitos outros grandes empreendimentos, ninguém se incomodou em nos inteirar a respeito desse. Isto é, a não ser que você chame testemunhar um relacionamento verdadeiro de algum tipo de checagem da realidade. Apesar de toda essa conversa sobre parcerias modernas, muitos elementos dos relacionamentos permanecem os mesmos de sempre. Ainda existe a roupa para ser lavada, a louça, as contas, e todas as outras coisas que decorrem de uma vida partilhada. Não importa com quem você esteja, nem em que década, é sempre difícil. Mas experimente dizer isso a alguém que ainda não o fez.

Eu estava planejando um almoço com a minha amiga Susan, e pensamos que, em vez de irmos a uma lanchonete para comer os hambúrgueres com batatas fritas de sempre, poderíamos nos encontrar num restaurante decente. Enquanto tentávamos escolher qual seria, ela disse: "Bem, você deve saber melhor do que eu. Você é casada, por isso provavelmente sai muito mais". Susan não é casada e, por esse comentário, já se pode dizer que é óbvio que nunca foi. Por algum motivo misterioso ela acreditava que o casamento envolvia uma variedade de idas ao cinema, aos restaurantes, e muitos bons momentos. Creio que por ter saído para encontros por muitos anos, ela simplesmente presumiu que o casamento seria mais ou menos a mesma coisa. Ou é isso, ou ela está levando algumas das suas leituras muito a sério.

Outro dia eu estava no cabeleireiro e, desde que uma das minhas amigas novinhas me indicara um salão mais moderninho, não encontrei nenhuma daquelas revistas habituais do tipo "mãe e dona-de-casa". As únicas revistas que havia para ler eram uns volumes grandes e grossos, com modelos magricelas nas capas. Então, em vez de ler sobre que tipo de roupa disfarça melhor a barriga, aprendi tudo sobre "entradas triunfais que fazem as cabeças virarem" e "o que conversar no terceiro encontro". Eu não podia imaginar quantas nuanças existem num encontro: o batom que dura até a manhã seguinte, como se comportar num jogo de beisebol etc. Todas as matérias falavam sobre como agarrar e manter o homem perfeito. E o mais impressionante foi que essas matérias realmente insinuavam que tais conselhos seriam, de alguma forma, relevantes para um relacionamento de longo prazo.

Para ser absolutamente sincera, tenho de lhe dizer que estou casada há quinze anos e, na última vez em que saí para um encontro, um sujeito que tivesse dinheiro para lhe pagar uma cerveja e permanecesse sóbrio o suficiente para levá-la de volta para casa constituía o homem dos sonhos de qualquer garota. Porém me parece que todas essas informações que correm por aí a respeito dos homens talvez estejam levando algumas de vocês para o caminho errado. Depois de ter lido *O Que o Ho-*

mem Tímido Realmente Quer Que Você Saiba, como é que "O Homem Que Trabalha o Dia Inteiro e Depois Dorme no Sofá" poderá corresponder aos seus padrões?

LAMPEJO

Namoros são divertimento, casamento é trabalho.

Você pode achar que isso é um bocado óbvio. Ou seja, basta ver a diferença nas atividades. Namorar significa sair para jantares, cinema, passeios; significa falar sobre essas atividades divertidas e realmente exercê-las. O casamento significa fazer o jantar, limpar a casa e levar as crianças ao cinema. Ah, claro, ainda há os planos para os fins de semana, mas uma conversa sobre quem vai arrumar a casa para a visita dos sogros nem de longe é tão divertida quanto decidir a que restaurante ir.

Batons que duram 24 horas talvez a ajudem a encontrar um homem, mas viver com um exige um pouco mais de esforço. Porém não se preocupe. Existe uma superabundância de ofertas nesse sentido também. Deus sabe que com todos os livros, vídeos, seminários e conselheiros disponíveis, nós dispomos de todas as ferramentas necessárias para criar um relacionamento perfeito. Todo mundo tem a receita para produzir um casamento de sonhos. Ele deve existir, pois o folheto de propaganda do retiro de casais prometeu que haveria!

Qualquer pessoa com um mínimo de cérebro sabe que todo relacionamento de longo prazo exige trabalho e esforço, mas estou enjoada de ver todo mundo insinuando que em algum lugar por aí existe um casal que divide as responsabilidades, que tem orgasmos múltiplos e que conversa sobre tudo até esgotar o assunto. E que, depois de mais alguns livros e sessões de aconselhamento, nós também faremos parte disso. Já li e ouvi as mesmas coisas que você, e fico cansada só de pensar.

Além disso, sendo cética como sou, fui verificar os antecedentes de alguns desses especialistas. Adivinhe! Aquela média de 50% de divórcios aplica-se a eles também. Já conheci uns poucos terapeutas do tipo "toque e sinta", e você ficaria surpresa ao ver a bagunça que é a vida pessoal de alguns deles.

Fico pensando: mais trabalho no relacionamento talvez não seja a única resposta. Que tal menos trabalho durante? Em vez de nos esforçarmos tanto em busca da parceria perfeita, talvez devêssemos agendar um tempo para desfrutarmos aquela que já temos. Se você está menos do que encantada com seu arranjo atual, pergunte-se: a culpa é realmente do parceiro? Ou serão as condições em que ele está desempenhando?

Meu pai experimentou a diferença que uma mudança de circunstâncias pode fazer. Alguns anos depois da morte de minha mãe, ele casou-se com Judy, uma mulher maravilhosa que, como ele, completara uma vida inteira de dedicação aos filhos e muito trabalho, e agora estava pronta para alguma diversão. O comentário de meu pai sobre a situação: "Quando não se tem mais empregos, filhos ou contas com que se preocupar, toda essa história de casamento fica bem mais fácil". Bem, olá, claro que é mais divertido, eles são aposentados, moram perto de um lago e todos os sogros já morreram. Para mim, é como um longo e delicioso namoro.

Se você está num desses tipos de relacionamento, tudo o que peço é que lembre ao restante de nós que eles existem em algum lugar por aí, no horizonte do futuro. Se está no outro tipo, aquele que inclui trabalho, filhos, pagamentos de prestações e um telefone que nunca pára de tocar, vejamos o que pode ser feito para melhorar o seu presente. Como eu disse, desde que você já superou o perfeito, procure o melhor. Aquela casa no lago será muito mais divertida se vocês ainda estiverem se falando quando chegarem lá.

Quando se está disposta a empreender a longa jornada, encarar a realidade é essencial. Se você ainda está procurando, ou considerando trocar de cônjuge, talvez queira prestar atenção. No que se refere a expectativas frustradas, parece haver algumas que são universais. Assim que perceber que elas fazem parte do equipamento-padrão, talvez não tenha tanta pressa em concluir que a vida lhe deu um limão.

Uma das mais famosas expectativas é a da comunicação. Seja pela quantidade, seja pela qualidade, seja por ambas, não existem muitos homens por aí que se adaptam às nossas exigências. Uma amiga terapeuta chega ao ponto de dizer: "O problema com muitos relacionamentos é que as mulheres insistem em tentar que os homens compartilhem seus pensamentos mais íntimos, e a maioria dos homens não tem nenhum".

O principal aqui é que provavelmente você foi programada para mais conexão do que ele, portanto terá de procurar a comunicação em outros lugares. Lembra-se daquelas amigas *dentro-das-trincheiras?* Quanto mais você se conectar com elas, menos frustrada ficará quando ele dormir durante a sua dissertação sobre o significado da vida. Se o seu relacionamento preenche 95% da necessidade de conexão dele, mas apenas 25% da sua, a simples aritmética já vai lhe dizer que você terá problemas. Poupe-se de uma briga e obtenha o equilíbrio em outro lugar.

A conexão não é a única maneira com que as amigas podem preencher os espaços vazios. Só porque seu parceiro não quer fazer alguma coisa com você, não significa que você não possa fazer. Sempre fico impressionada ao ver como muitas mulheres recusam convites, ou não fazem as coisas que realmente gostam, apenas porque o marido não quer acompanhá-las. Pior do que simplesmente perder a oportunidade, você acabará ressentida com ele nesse processo. Se o homem da sua vida não compartilha o seu interesse por arte ou antiguidades, encontre uma amiga que goste dessas coisas.

Diante disso, você pode estar pensando que passar mais tempo com suas amigas vai afastá-la do relacionamento. Mas acredito que, na verdade, estará acrescentando mais a ele. Em primeiro lugar, se suas amigas demonstram seu ego verdadeiro e reconhecem suas próprias uniões imperfeitas, em pouco tempo vocês perceberão que não são as únicas cujo marido acha que um grunhido distraído é o mesmo que prestar atenção. Ouvir alguém reclamar do marido geralmente coloca o meu sob uma luz um pouco mais positiva. Ou, pelo menos, me lembra que eles são todos iguais.

Para mim é bem fácil falar sobre tudo isso porque tenho um bom marido. Espero que você também tenha, porém, se não tiver, talvez precise ainda mais da perspectiva daquela amiga. Ela vai ouvir seus choramingos do tipo "ele não consegue entender" e até acrescentará alguns dos seus próprios. Mas deixe a reclamação passar para "ele bebe demais" ou "ele não me deixa assinar um cheque" e vai receber um tipo diferente de apoio.

Umas poucas amigas fora do relacionamento podem diminuir a pressão das pessoas que estão nele. Quer você precise delas para ajudá-la nos momentos críticos, quer para partilhar o seu *hobby* preferido, ou para lembrá-la de que a apólice de seguro não vale se você o assassinar, elas são mais baratas do que uma terapia e quase sempre estão do seu lado.

Isso dito, se você quer de fato ser mais feliz no relacionamento, passar algum tempo de verdade juntos provavelmente é uma exigência. Duvido que contas a pagar e projetos de melhoria da casa ajudem muito para manter o romance vivo. Às vezes nem mesmo as férias funcionam.

Acabei de voltar de férias com a minha família e foi tudo, menos romântico. Se você tem filhos pequenos, sabe exatamente a respeito do que estou falando. Já é bastante difícil lidar com eles num ambiente controlado, mas um oceano e barracas nas proximidades fazem com que qualquer emprego remunerado pareça fácil.

Voltei para casa mais cansada do que quando saímos. Também não estava muito contente com o meu querido parceiro. Parece que ele saiu de férias pensando que seria uma chance para descansar e relaxar. Infelizmente, eu pensava o mesmo. Passamos a maior parte da viagem irritados um com o outro porque não estávamos conseguindo uma chance para isso. E pensar que gastamos nosso suado dinheirinho naquela experiência.

Minha amiga Shannon, uma veterana em casamento com três filhos pequenos, me diz: "O seu problema é ficar pensando que essas 'atividades familiares' serão divertidas para todos. O problema não é seu marido, é você. Pare de esperar que ele fique animado por ter de carregar uma sacola de fraldas e um carrinho portátil para todos os lugares aonde vocês vão. Arrume uma babá e vá em frente".

Se você acha que o seu homem não é suficientemente romântico ou divertido, precisa se perguntar em que tipo de ambiente ele é obrigado a funcionar. Se todas as situações em que vocês estão juntos significam negociar quem faz o quê, duvido que isso gere muita alegria para qualquer um dos dois. Claro que você merece mais ajuda na casa, mais respeito e presentes maravilhosos nas ocasiões importantes. Mas também merece mais diversão em sua vida.

Não deixe que a falta de habilidades para limpeza da parte dele a impeça de ter isso. Acredite, são necessários anos de treinamento intensivo para fazer com que um homem se ofereça para essas coisas. Mas muitos deles podem fornecer a parte divertida bem facilmente. Lembre-se, eles não têm aquela lista de coisas a fazer dentro da cabeça que os impede de aproveitar bem as coisas. Por um lado, é extremamente irritante saber que você é a única a ter uma, mas, por outro, se há alguém que ficaria muito excitado ao saber que você a abandonou por um instante, esse alguém é seu marido.

Muitos homens que conheço mostram-se mais do que dispostos a fazer coisas com a esposa que não sejam tarefas nem relativas às crianças, e só precisam de uma pequena ajuda para começar. Claro que você terá de providenciar a babá, mas se disser ao homem da sua vida que gostaria de divertir-se um pouco com ele, é bem provável que ele pensará em alguma coisa. Mas não seja exigente demais. Visões do Sr. Perfeito levando-a a Paris numa viagem-surpresa servirão apenas para deixá-la frustrada.

Detesto ser a chata aqui, porém as mulheres não são as únicas que ficam um pouco desapontada com a diferença entre o namoro e a coabitação. Lembra-se daqueles 264 pensamentos extras com os quais os homens se distraem todos os dias? Talvez tenhamos entrado nessa com sonhos de vinho e rosas, mas eles entraram realmente pensando que significaria terem mais sexo. Creio que não fomos as únicas que não faziam a menor idéia do que o jogo significava. Fiz algumas perguntas por aí, e a maior queixa que a maioria dos homens tem acerca do seu casamento é que não há sexo o bastante.

Em geral, a reação normal das mulheres é do tipo "Bem, eu poderia ter um pouco mais de energia para o que está na lista de meu marido se ele me ajudasse mais com o que está na minha". É um tanto patético, mas às vezes o sexo pode parecer como mais uma responsabilidade, mais uma pessoa que deseja algo de você. Se isso lhe soar verdadeiro, tente lembrar-se de que estamos procurando o melhor, não o perfeito. E, aos meus olhos, melhor significa partilhar sua vida com alguém inspirado o suficiente para comparecer.

Deixe-me colocar de outra maneira: se você está tendo um problema de moral baixo com um funcionário e tudo o que precisaria fazer para mantê-lo motivado seria passar de quinze a vinte minutos por semana com ele, dedicando-se a alguma atividade que, espero, não seja de todo desagradável para você, certamente deve fazê-lo sem pensar duas vezes. Você quer mais diversão, romance e uma atitude mais positiva do homem da sua vida? Esse é um meio seguro de conseguir tudo isso.

Meu próprio querido marido decidiu falar em nome de todo o seu gênero quando disse: "Muitos homens não admitem, mas na verdade somos criaturas bem simples. Se não temos sexo suficiente, nosso cérebro fica enevoado e não conseguimos nos lembrar de mais nada". Pelo menos eles reconhecem. Agora, se você não consegue suportar a pessoa com quem está casada, a última coisa que quero que faça é prostituir-se apenas para conseguir uma ajuda extra na casa. Mas se você ama o seu homem, pense quanto seus poderes de persuasão serão motivadores.

O que me leva a uma realidade ainda mais dura do amor de longo prazo. Não importa quanto ele foi romântico no começo, seria realmente de admirar se não fosse perdendo a força no decorrer do tempo. Não sei se ele a seduzia com flores, poesias, vinhos ou simplesmente abrindo a porta do carro. Mas, seja o que for, posso apostar que você está tendo bem menos do que costumava ter.

Antes de tirar conclusões apressadas achando que menos disso significa que ele pensa menos em você, dê uma olhada no que mais ele está fazendo. Trabalhar para ganhar o sustento, dar banho nas crianças e trocar o óleo do carro talvez sejam coisas que não pareçam românticas. Mas, se estão tornando sua vida melhor, talvez sejam. Corações e flores funcionam bem no começo, alguém que aparece para desempenhar as tarefas difíceis merece ser mantido até o final.

Então é isso — sexo "motivador", uma saída a dois de vez em quando, e alguns bons amigos para ajudá-la nos momentos difíceis. Talvez não pareça o "felizes para sempre" que você tinha em mente, mas vai ajudá-los a ficar juntos até que consigam chegar lá.

Nem todas cavalgam ao pôr-do-sol com o Príncipe Encantado. E se o Sr. Perfeito existisse, já estaria casado com a Sra. Perfeita e estariam os dois por aí, deixando todos que os rodeassem absolutamente insanos. Aceitar o seu homem pelo que ele é não significa contentar-se com menos. Significa que você tem o bom-senso de aproveitar o melhor que ele tem para oferecer.

A história da Cinderela terminou quando ela ainda era jovem e linda e seu pezinho ainda cabia no sapato de cristal.

Quero acreditar que você tenha em mente uma história um pouco mais longa.

POR QUE VOCÊ NÃO DISSE?

Posso afirmar que realmente fiz uma diferença quando:

A. Alguém põe o meu nome em seu primeiro filho porque lhe demonstrei o verdadeiro significado da vida.

B. Sou inundada de elogios, flores e jóias.

C. Minhas contribuições são exibidas no mais recente número da revista *Milagreiros*.

D. Posso ver por mim mesma.

Quando nos queixamos de que estamos fazendo tudo para todo mundo, geralmente estamos mais frustradas pela falta de reconhecimento do que pelo trabalho em si. Num mundo perfeito todos veriam as coisas que você faz e forneceriam gratidão sincera em todas as oportunidades. Como já estabelecemos que não vivemos no mundo da imagem perfeita, duvido que você esteja recebendo tantos agradecimentos quanto gostaria.

Qualquer pessoa que sente que está passando a vida cozinhando, limpando e bancando a motorista sabe tudo sobre o que estou dizendo. Nada é mais frustrante do que preparar uma refeição ou limpar a sujeira de alguém apenas para passar completamente despercebida. Ou, ainda pior, ouvir que está fazendo errado.

Ou talvez seja no emprego que você não está sendo reconhecida. Quantas vezes se matou para realizar um projeto e depois não ouviu sequer um pequeno *feedback* sobre o assunto? Posso pensar numa variedade de exemplos em que você teve de "pular miudinho" para entregar alguma coisa no prazo só para ver o trabalho esquecido na escrivaninha do chefe durante duas semanas. É difícil sentir que seu trabalho é valorizado se achar que ele está caindo num buraco negro.

Às vezes até nos ressentimos de atividades para as quais nos oferecemos como voluntárias. Você sabe, aquele negócio de que deveríamos fazer para mostrar a bondade dos nossos corações. Pelo menos esse negócio deve importar para alguém.

Minha amiga Margaret esperava fazer uma diferença quando se ofereceu para ser a treinadora do time de futebol da sua filha. Ela havia jogado futebol na escola e, embora não se transformasse numa profissional, lembrava-se de quanto era divertido.

> *"Eu realmente gostava de jogar, quando criança, e no dia em que minha filha de seis anos chegou da escola dizendo que gostaria de jogar, pensei, ótimo, e nos inscrevemos. Acho que ela estava mais excitada com o uniforme do que com qualquer outra coisa.*
>
> *"Ninguém mais se ofereceu para ser a treinadora, então eu disse que seria. Conhecia as regras e achei que poderia fazer que fosse divertido para as meninas. Eram todas da primeira série, e eu pensei: não vai ser nada difícil."*

Treinar as meninas não foi difícil, os pais é que foram um pesadelo. Todas as vezes que Margaret se virava, um deles estava se queixando disso ou daquilo. A filha que queria jogar numa posição diferente, não receberam os horários dos treinos a tempo, ninguém lhes disse que precisavam trazer o lanche, o uniforme das crianças não estava certo, os treinos atrasavam demais, e assim por diante. Havia dez meninas, e cada um dos pais tinha algo a dizer sobre como Margaret estava conduzindo o time. Já era ruim o bastante que ninguém se desse ao trabalho de lhe agradecer, mas quando começaram a criticá-la, ela achou que já era demais. Margaret diz:

> *"Os olhares de reprovação eram o pior de tudo. Todas as vezes que eu tirava a filha de alguém do campo, recebia olhares fulminantes dos pais. Pela metade do tempo eu nem colocava minha própria filha para jogar, para que pudesse deixar as filhas de todos os outros. Será que aquelas pessoas não percebiam que eu era apenas uma mãe voluntária e estava fazendo o melhor que podia?".*

Sabe por que as pessoas não reconhecem as coisas que você faz? Porque estão ocupadas demais tentando fazer as suas próprias coisas. Quer estejam tentando ser bons pais preocupando-se com seus filhos, quer estejam apenas tão envolvidas em seus próprios mundinhos para olhar para os lados, estão mais concentradas em suas próprias agendas do que na sua.

É deprimente, mas é verdade; normalmente, algo só surge em suas telas de radares quando não está saindo da maneira que eles acham que deveria. Mas vamos ser honestas, será que você nunca foi culpada da mesma coisa? Você manda um bilhete para a professora do seu filho para dizer que bom trabalho ela está fazendo ou porque ele tirou uma nota tão baixa na prova? Você comparece à reunião do bairro para agradecer às pessoas que se importam o bastante para manter as coisas funcionando ou para se queixar da coleta de lixo? Você diz ao seu chefe quanto está gostando dos colegas ou reclama porque eles nunca conseguem entregar as tarefas no prazo? Você agradece à sua babá quando ela chega na hora ou reclama quando se atrasa? Você diz ao seu cônjuge que está contente por ele ter levado o lixo para fora ou resmunga quando ele não o faz?

Não há absolutamente nada de errado em chamar a atenção das pessoas para um determinado problema, você nunca conseguiria nada se não o fizesse. Duvido que qualquer uma de nós tenha tempo de agradecer às pessoas por cada mínima coisinha. Mas quando tudo o que se ouve são reclamações, é bem fácil perder de vista as coisas boas. O time de Margaret de fato melhorou muito no decorrer da temporada. E, ainda mais importante, as meninas se divertiram bastante. E esse era exatamente o motivo por que Margaret se ofereceu, em primeiro lugar.

LAMPEJO

Isso ainda faz uma diferença, mesmo que as pessoas não agradeçam.

Talvez você não esteja sendo reconhecida da maneira como deveria, mas talvez as outras pessoas tampouco estejam recebendo *feedbacks* positivos em sua própria vida. As pessoas não estão subestimando as suas contribuições, estão apenas preocupadas com as delas mesmas. Quando você está dez itens atrasada em sua lista de coisas a fazer, tende a esquecer que todos os demais também possuem uma. Sobretudo se fazem que pareça fácil.

Pela minha experiência pessoal, se você fizer algo bem e com um sorriso no rosto, as pessoas vão pensar que não exigiu o menor esforço. Margaret sempre foi simpática e positiva no que estava fazendo, por isso nunca ninguém pensou que estivesse tendo dificuldades. Todas as vezes que alguém se aproximava com uma sugestão, ela sorria e dizia: "Tudo bem, vou fazer o melhor que posso". Como essas pessoas poderiam saber que ela dirigia de volta para casa tensa, jurando que nunca mais iria se meter numa encrenca daquelas? Mas Margaret não queria desistir de ser a treinadora, ela só queria que alguém agradecesse.

Se você não quer desistir do que está fazendo, talvez haja algum meio de sentir-se melhor a respeito disso. Uma coisa que pode fazer é perceber a diferença entre um pedido e uma queixa. Aqueles pais das jogadoras de futebol simplesmente queriam uma atenção especial para suas filhas. Pedir isso não significava que Margaret estivesse fazendo um mau trabalho. Significava apenas que eles tinham suas próprias preocupações. Na próxima vez em que você ouvir alguma versão do "e quanto a mim", considere pelo que realmente é — alguém pensando em seus próprios problemas, e não aumentando os seus.

Se deparar com alguém que parece disposto a atormentá-la, não leve a sério. Talvez a pessoa esteja passando por um mau dia e você seja o primeiro alvo que apareceu, ou talvez ela nunca tenha parado para considerar o seu ponto de vista. Se esse for o caso, vá em frente e converse com ela. Mas seja simpática. Se retrucar com: "Não acredito que você esteja reclamando quando eu blablablá...", isso pode ter o efeito oposto ao que você está desejando obter. Tente algo do tipo "Puxa, eu vou tentar resolver isso. Estou tão sobrecarregada com todas as coisas que tenho de fazer que é difícil pensar direito, mas obrigada por me falar". Acredite, o fator culpa funcionará rápido o bastante para, pelo menos, fazer que a pessoa fique quieta. Talvez ela até se ofereça para ajudar.

Se estiver se sentindo um tantinho irritada, talvez possa experimentar o que meu irmão faz. Quando ele ouve uma reclamação sobre o seu trabalho, em geral responde com "Parece que você está realmente interessado nisso, portanto acho que posso contar que lide com tudo sozinho no futuro". Você pode imaginar quantas sugestões ele já recebeu depois dessa resposta.

Mas, e quanto àquelas tarefas que ninguém nem mesmo repara que você fez? Se tivesse de escolher uma delas, eu diria que as tarefas domésticas ocupam o mais alto posto na lista, quando se trata de trabalho não-reconhecido. Todas as mulheres que conheço sentem que fazem mais do que a sua justa parte e que o trabalho passa completamente despercebido.

Uma coisa que você deve entender é que a sua família não lhe empurra tudo intencionalmente. Eles nem mesmo sabem o que precisa ser feito. Não se pode agradecer a alguém por ter feito algo do qual se esteve abençoadamente inconsciente. Lembra-se de como as pessoas não falam nada, a não ser que haja algum problema? Bem, quanto melhor você faz essas tarefas, menos eles vão perceber que estão sendo feitas.

Não sei quanto a você, mas uma das minhas maiores frustrações com a minha própria família se refere à lista. Eles podem até lidar com alguns itens, mas ainda sou eu quem tem de criá-la. Você sabe do que estou falando. Aquela lista de quem precisa estar onde e quando, quem precisa do que para tal e tal coisa, quem leva e quem vai buscar, as babás, os presentes para todas as ocasiões, a algumas das quais você nem mesmo compareceu.

Eu vou lhe dizer, já estive em alguns empregos de alta pressão, e manter e cumprir essa agenda é ainda mais difícil. O poder mental exigido para coordenar os calendários da escola, do trabalho, dos esportes e *hobbies* para todos os membros da família é suficiente para exaurir um Einstein. Tente fazer isso num ambiente razoavelmente limpo, com refeições nutritivas o bastante para evitar que eles fiquem caindo pelos cantos, e você terá a receita para o desgaste.

Dados todos os esforços que concentramos, seria de pensar que o plano de incentivos incluiria troféus, viagens e cheques polpudos. Mas, nããããão, o pagamento por fazer bem esse trabalho é que ele continua sempre aumentando. A competência é recompensada com mais oportunidades de demonstrá-la. O mínimo que eles poderiam fazer seria atirar-lhe um osso de vez em quando e dizerem quanto gostaram.

Mas não fazem. Pelo menos não com tanta freqüência quanto deveriam. E a realidade é que, provavelmente, jamais farão. Para piorar as coisas, as pessoas mais próximas a você em geral são as que mais a ofendem. Seja a sua família presumindo que as roupas limpas simplesmente aparecem dentro das gavetas, seja o seu chefe achando que fadinhas surgem durante a noite para preparar todos aqueles relatórios, quando você realiza um bom trabalho para as pessoas, o mais provável é que elas considerem isso normal. Ou talvez até reconheçam seu esforço, mas esquecem de lhe dizer.

Você já passou pela experiência deliciosa de ouvir alguém muito próximo dizer algo realmente bom a seu respeito para outra pessoa? Como quando você soube que seu chefe disse ao chefe dele que "nunca teria conseguido completar a tarefa se não fosse por você". Ou, talvez, entreouviu um dos seus filhos dizendo: "Minha mãe vai assistir a todos os meus jogos, ela adora". Mesmo algo tão simples, como ouvir nossos pais dizendo quanto se orgulham de nós, é capaz de nos levar às lágrimas.

Um dos pontos altos do meu casamento foi numa noite em que obtive uma nova perspectiva sobre o que meu marido realmente pensa das minhas contribuições. Nós estávamos numa festa anual da empresa onde ele trabalha; ele havia trocado de departamento naquele ano e eu estava encontrando alguns dos seus colegas pela primeira vez. Enquanto conversava com uma das mulheres, fiquei surpresa ao descobrir quanto ela sabia a meu respeito, sobre meus filhos, meu trabalho e, o que foi mais emocionante, "que excelente trabalho eu estava fazendo para manter a família organizada". Meu primeiro pensamento foi: "Não acredito, acho que ele tem outra mulher. Sou exatamente como essas coitadas que aparecem na tevê dizendo que descobriram que o marido tem outra família". Com certeza ele não estivera falando sobre mim! Seria aquele o mesmo homem que girava os olhos e gemia todas as vezes que eu esquecia de pegar a roupa na lavanderia?

Uma vez que me dei conta de que meu marido não teria tempo, energia nem dinheiro para manter outra família, percebi que, sim, ele estivera falando a meu respeito e tinha de fato uma opinião bastante elevada. Claro, adorei ouvir tudo aquilo daquela mulher, mas onde meu marido estivera escondendo todo esse reforço positivo durante os últimos anos? Perguntei isso a ele, quando voltávamos para casa.

Meu marido não acreditou em quanto eu ficara surpresa com os comentários da mulher. "Eu já lhe disse tudo isso antes e, além do mais, é tão óbvio que você nem precisaria questionar", ele falou. Acho que aquela tarefa de cuidar da lista não estava sendo tão despercebida quanto eu pensava. Verdade seja dita, meu marido realmente me elogia, não com tanta freqüência e eloqüência quanto eu gostaria, mas às vezes diz algo agradável. Só que é difícil ouvir e acreditar quando o elogio está espremido entre duas crianças ruidosas e um pedido para que a roupa volte da lavandeira mais em tempo. Se você sentir que não está obtendo reconhecimento e *feedbacks* suficientes, pergunte-se se não é você que não está prestando atenção.

Claro que parece mais válido quando eles elogiam seus esforços para outras pessoas, porque então você sabe que estão realmente falando sério. Não estão tentando animá-la depois de um dia difícil, não estão querendo algo de você, os elogios não estão misturados com uma porção de coisas negativas, e você nem teve de pedi-los. Porém tenho de lhe dizer, se você insistir em descartar qualquer elogio que não tenha vindo exatamente da maneira como queria, não vai sobrar muita coisa.

LAMPEJO

Os elogios contam mesmo se você tiver de pedir por eles.

Os elogios não vão aparecer todas as vezes que precisar deles, portanto é melhor aceitar esse fato. Quanto melhor você se sair em seu trabalho, menos provável será que as pessoas nem sequer considerem que precisa de um elogio. Afinal, alguém tão boa quanto você deveria ser capaz de perceber o óbvio. A realidade é que se realmente quiser um *feedback* positivo, às vezes terá de pedir. Apenas porque o solicitou, não permita que isso diminua a resposta. No entanto, seja cuidadosa, pois quero que essa estratégia funcione a seu favor, não contra você.

Aquele mesmo doce marido e eu quase chegamos às vias de fato no monotrilho da Disney World quando tentei solicitar um pequeno *feedback*. Foi num verão, e minha filha mais nova tinha mais ou menos seis meses. Fomos visitar alguns parentes perto de Orlando e, por algum motivo inexplicável, eu achei que seria uma boa idéia passar um dia no parque.

Algumas das mães mais experientes, provavelmente, nesta altura já estarão questionando a minha sanidade mental. Que tipo de maluca leva um bebê a um parque de diversões no auge da temporada de turistas? Ainda mais na Flórida. Minha única defesa é que estávamos ali perto, e eu ainda me encontrava sob a influência dos hormônios pós-parto. E nós fomos.

Enchi um carrinho de equipamentos, saímos bem cedo, e eu estava mais do que disposta a ter um dia agradável. No instante em que entramos no parque peguei um mapa e planejei tudo o que faríamos. Eu ainda estava amamentando, portanto tive de planejar quais seriam os melhores momentos para estar nos brinquedos com a nossa outra filha e arranjar um lugar tranqüilo para mim e o bebê em intervalos de três horas. Fazia muito calor, nós suávamos muito e as filas eram tão compridas que até nos esquecíamos para que brinquedo elas eram.

Mas nem tudo foi um horror. Nossa filha de cinco anos divertiu-se, eu encontrei um lugar para amamentar, e o bebê dormiu no carrinho nas horas certas. Tudo graças ao meu grande planejamento. No final do dia, quando pegamos o trenzinho para voltar ao estacionamento, julguei que merecia um pouco de reforço positivo, por isso me virei para meu marido e disse: "Sabe, não foi fácil fazer que tudo desse certo, mas acho que organizei muito bem. A mais velha se divertiu, eu amamentei o bebê nas horas certas, e até consegui que saíssemos em tempo de evitar o trânsito mais pesado. Não acha que fiz um bom trabalho?".

A resposta dele foi qualquer coisa do tipo: "Carreguei uma tonelada de peso por todo este maldito parque, girei naquelas malditas xícaras tantas vezes que acho que vou vomitar, estou quase morrendo de calor. Se você está esperando um elogio, pode esquecer".

Eu disse anteriormente que filhos, maridos e chefes necessitam de um tratamento especial. Lembra-se da gangorra, eu estou em cima, você está embaixo? Se eles também estiverem passando por um mau momento, ela se transforma numa verdadeira montanha-russa. Em defesa de meu marido, prefiro pensar que poderia ter tido uma reação melhor se eu tivesse perguntado logo no início do dia, ou se tivesse esperado até que as crianças dormissem. Já aprendi que se você realmente quer que alguém lhe diga o que acha do seu trabalho, espere uma hora em que ela consiga entender a pergunta.

Mas isso não quer dizer que tenha de adiar indefinidamente. Se esperar até que fique tão ressentida a ponto de explodir, provavelmente não fará a pergunta de maneira muito simpática e, mesmo que o outro responda o que você espera, duvido que vá acreditar no que ouviu. Se tiver de cerrar os dentes para impedir-se de gritar a pergunta, provavelmente já esperou tempo demais.

Só porque eles lhe mostram o que não está funcionando, não significa que achem que está tudo ruim. Nós concluímos uma brilhante revisão de desempenho, mas se há uma coisa que precisa de melhoria, é aí que todos iremos nos concentrar. Provavelmente isso tem algo a ver com o fato de ser a única coisa que exige alguma ação da nossa parte. Isso, e porque em geral as pessoas não são muito descritivas sobre as coisas boas. "Continue fazendo o bom trabalho" é bastante fácil de ignorar, porque significa apenas que mais trabalho virá.

Se você está com problemas de se lembrar das informações positivas, tente pedir por elas de maneira um pouco diferente. O importante não são mais elogios, mas sim elogios mais significativos. As pessoas sabem, por intuição, como descrever o efeito que você causou nelas ou na organização, quando o *feedback* é negativo. Se acham que você não está à altura de uma determinada situação, querem que saiba qual é o impacto disso, para que fique motivada a fazer da maneira certa. Mas muitas pessoas não possuem as mesmas habilidades quando se trata de fazer um elogio. Presumem que "excelente trabalho" diz tudo. É necessário um pouco de insistência para fazê-las descrever as conseqüências das suas ações positivas.

Na próxima vez que alguém lhe disser que o que quer que você tenha feito foi "ótimo", responda-lhe que significaria muito para você se soubesse por que foi ótimo, e que efeito lhe causou ou a qualquer outra pessoa. Talvez ele não tenha pensado nisso nesses termos ou talvez não tenha compreendido quanto é importante comunicar as conseqüências positivas. Qualquer que seja o caso, uma resposta mais descritiva geralmente deixa ambas as partes mais satisfeitas com a troca. Um *feedback* sobre como o trabalho se ajustou perfeitamente à imagem é fácil de esquecer. Compreender como ele importou para alguém é muito mais memorável.

Quando você pensa no que faz em termos do impacto que causa nas pessoas, isso ajuda a focalizar as partes boas e filtrar as coisas ruins ao longo do caminho. E quanto mais clara você for para indicar o que realmente importa, mais fácil será aceitar quando as outras pessoas estão ocupadas demais para perceber.

Espero que você utilize algumas dessas sugestões para sentir-se um pouco mais apreciada no que quer que faça. E se não puder ver por si mesma, tem a minha permissão para pedir alguns lembretes. Todo mundo merece saber que aquilo que faz conta para alguma coisa.

Se você realmente quiser fazer uma diferença, vou lhe contar um segredinho. Vá para trás e releia esta última parte, pensando em como pode usar essas idéias para fazer com que outra pessoa se sinta bem, em vez de apenas aplicá-las a si mesma. Provavelmente existe uma treinadora do time de futebol em sua vida que gostaria muito de ouvir um elogio.

A perfeição existe quando todos lhe dizem quanto o seu trabalho significa para eles. O melhor é quando você vê por si mesma.

AQUELA GAROTA

Quando eu era mais jovem, sonhava que um dia iria:

A. Conduzir uma vida agitadíssima, rodeada de gente bonita e apaixonada por mim, a mais bela de todas.

B. Ser louvada tanto por santos quanto por pecadores pelas contribuições que fiz por uma humanidade melhor.

C. Me tornar rica e famosa, fazendo com que todos que foram maldosos comigo ficassem verdes de inveja.

D. Esquecer os padrões de todos os outros e criar alguns meus próprios.

Outro dia eu estava no médico e, como sempre, a enfermeira começou os exames me pesando. Apesar de haver tirado os sapatos, o cinto e os brincos, não havia como refutar a evidência concreta. Eu estava com o mesmo peso do ano anterior. E esse era o ano em que havia jurado perder os quilos extras que estivera carregando por aí desde o nascimento da minha segunda filha.

Ei, não é que não tenha tentado. Mudei minha dieta e quase me matei fazendo aeróbica, musculação e tudo o mais que, supostamente, deveria derreter aqueles quilos a mais. Porém, francamente, eu me desapontei bastante com os resultados. Aquela calça jeans tamanho 40 estava mais perto de servir no bebê do que em mim.

Enquanto eu me recriminava por causa do peso, a enfermeira examinou meu pulso e a pressão. Quando terminou, ela virou-se para mim e perguntou: "Você faz exercícios regularmente?". "Faço", respondi, mas antes que acrescentasse que era óbvio que não estavam funcionando, ela disse: "Pois está evidente. O seu batimento cardíaco e a pressão estão ótimos".

Fico envergonhada de admitir, mas até aquele momento eu achava que o único propósito de fazer exercícios era ficar com uma aparência melhor.

LAMPEJO

Não se trata da aparência, o importante é a saúde.

Quando se chega a uma certa idade, sua aparência ainda pode ser muito importante para você, mas a saúde é o que realmente vai perdurar.

No entanto lá estava eu, tão preocupada com o tamanho da minha cintura que ignorara completamente o fato de que havia me colocado em boa forma. Poderia-se pensar que eu tivesse percebido que já não ofegava mais quando subia escadas. Mas não, eu estava preocupada demais com o tamanho com que aparecia no espelho no topo da escada. Quando pensei nisso, realmente me senti muito melhor.

Quando você se preocupa apenas com a aparência, é fácil esquecer como se sente. Nosso corpo não é o único lugar onde cometemos esse erro. Temos exatamente os mesmos padrões para tudo o mais. Todas as vezes que as coisas não saem como achamos que deveriam, perdemos a melhor parte. Eu continuava imaginando aquele corpo ideal, e tudo o mais era motivo para infelicidade. Comparava-me com a imagem de outra pessoa, quando teria sido muito melhor criar a minha própria.

Esses padrões impossíveis que a gente insiste em alcançar não foram criados em nossas mentes, o restante do mundo apareceu com a imagem perfeita. Se você sentir que sua vida não corresponde às suas expectativas, pergunte-se de onde elas surgiram. São baseadas em alguma fantasia que você criou quando era jovem demais para saber como as coisas funcionam? Ou são alguma versão da perfeição que você "comprou" ao longo do caminho? Seja o que for, é hora de seguir em frente. A garota que criou aquelas imagens não tinha todas as informações. Sabia apenas o que achava que deveria ser, esqueceu-se de pensar em como queria se sentir.

LAMPEJO

O perfeito é como parece no lado de fora,
o "melhor" é como se sente por dentro.

Quanto mais tempo e energia você gastar demonstrando seu falso "eu", mais fácil será perder de vista o seu "eu" verdadeiro.

A imagem perfeita é baseada no que as outras pessoas pensam. Já é hora de descobrir o que você pensa.

O que quer da sua vida? É felicidade, amor, alegria, reconhecimento e alguma diversão? Você nunca encontrará nada disso se permanecer amarrada nas aparências e imagens externas. Quando começar a olhar para dentro de si mesma, aposto que vai descobrir o que está procurando na vida que já tem.

Encontrar a felicidade na vida que você já tem não se trata de quão bem ela se ajusta à imagem, nem do que as outras possam pensar dela. Talvez você não tenha se tornado uma *prima ballerina*; talvez esteja fazendo algo melhor. Talvez esteja fazendo algo com o seu tempo que é importante para outras pessoas.

Você merece mais do que girar em círculos, tentando fazer com que sua vida se pareça com a imagem perfeita. Você merece algum tempo para pensar no que é importante no quadro mais amplo.

CAPÍTULO SETE

QUE HORAS SÃO?

Você pode ter tudo, só não pode ter tudo de uma vez.

— Uma formanda de MBA de 1973 em Harvard,
25 anos mais velha e mais sábia do que
quando encarou o mundo pela primeira vez.

DEU CERTO PARA SCARLETT

Um dos maiores problemas das mulheres é o tempo. Nunca há o bastante. Por mais que eu me esforce, ainda sou assombrada pela *lista de deveria*. Quando criança, na década de 1970, eu simplesmente *tinha certeza* de que teria tudo, portanto a minha *lista de deveria* é um bocado assustadora.

Então veio o primeiro bebê e, como todas as mães sabem, isso mudou tudo. Antes de ela nascer, eu presumia que teria os três meses de licença-maternidade, encontraria uma creche excelente e voltaria ao trabalho, continuando a conquistar o Universo. E, com certeza, isso já havia sido feito antes.

A morte da minha mãe logo antes do nascimento da minha filha forneceu-me um "toque de despertar" e tanto, de forma que eu fiquei bem mais aberta à idéia de reescrever o meu roteiro. Mas já havia me comprometido a voltar ao trabalho depois de três meses, e havia contas a pagar, portanto senti que não tinha muita escolha.

Na semana anterior ao meu retorno ao trabalho juntei todas as minhas energias e habilidades organizacionais para contratar uma babá e obrigar-me a ir ao cabeleireiro. Minhas raízes haviam se aprofundado tanto que parecia que eu ia ao encontro de algum tipo de efeito petrificante. Se fosse para voltar ao trabalho gorda e ainda usando as roupas de gestante, o mínimo que poderia fazer por mim mesma, e para as pessoas que me veriam, era estar com os cabelos decentes.

Sentei debaixo do secador esperando que a tintura fizesse seu efeito transformador, e peguei uma revista. Folheando as páginas, deparei com uma matéria a respeito de Sandra Day O'Connor. A antiga "eu" teria adorado ler alguma coisa sobre uma mulher poderosa e bem-sucedida como aquela, pois, afinal, eu estava planejando um futuro tão estelar como ela para mim mesma. Mas a nova "eu" nem mesmo a olhou, porque para uma mulher gorda, de calças largas, que mede sua vida em intervalos de duas horas entre as mamadas, era deprimente demais. Porém a sorridente Sandy em suas togas de juíza ainda tinha um certo apelo para mim, portanto eu li a matéria.

Nem me lembro direito do que tratava a reportagem; tudo o que me recordo era que, enquanto lia, tive outro lampejo. Ao me inteirar da brilhante carreira da honorável juíza O'Connor, percebi que a sua idade era igual à minha, e que era uma dona-de-casa!

Foi naquele instante que me dei conta de que uma existência pode ser longa, e que ainda havia muita vida à minha frente. Eu tinha trinta anos, e minha filha era um bebê. Se saísse da trilha mais rápida por um período de dez anos, ainda me restariam 25 anos para trabalhar. Isto é, mais de três vezes o tempo que eu já investira. De repente eu estava livre. Não precisava fazer tudo agora. Um dos outros problemas com a minha *lista de deveria* não era apenas o que havia nela, mas a minha presunção de que tudo teria de ser feito simultaneamente.

Estivera olhando para a minha vida em termos do grande plano, cada coisa que fazia era construída sobre a última e eu tinha de continuar trilhando o rumo em que me encontrava. Subitamente percebi que, em vez de olhar para ela em termos do que era obrigada a fazer por determinadas marcas de eliminação, deveria encará-la pelo que era — uma vida, não um plano de trabalho. Agora eu não precisava planejar mais nada.

LAMPEJO

Decidir o que fazer agora não é decidir o que você fará com o resto da sua vida.

Nas palavras imortais de Scarlett O'Hara, "Amanhã é outro dia". As decisões que você toma hoje podem afetar o amanhã, mas não precisa fazer um roteiro de tudo agora. Finalmente estou percebendo que tenho permissão para mudar de idéia.

A morte de uma mãe faz uma porção de coisas para e por uma filha. Uma das coisas que o fato de perdermos nossas mães fez para JoAnn e para mim foi nos levar a perceber que nós duas vamos, eventualmente, morrer. Antes de perder minha mãe, se alguém me perguntasse: "Você acha que vai morrer algum dia?", claro que eu teria dito: "Sim, todo mundo morre um dia". Mas achava que isso aconteceria a alguma velhinha que de forma alguma estava conectada com quem eu sou. Quando aconteceu com minha mãe, dei-me conta de que não seria "alguma velhinha", seria *eu*, e talvez não acontecesse só quando tivesse cem anos, como eu planejara. Poderia ser aos 53.

Nunca tive a chance de perguntar à minha mãe qual era o plano de vida que ela tivera quando era mais jovem. Eu a conhecia bem o bastante para saber que, provavelmente, tinha um. Afinal, qual de nós, trabalhadoras dedicadas, não tem? Faça um plano. Mesmo sem saber os detalhes de uma coisa, estou 100% certa de que ele não inclui morrer aos 53 anos.

Sua vida pode ser longa ou pode ser bem mais curta do que você planejou. A pergunta é: o que vai fazer com ela, ou melhor, com o resto dela? Porque não importa quantos anos você tenha, neste exato momento é isso que você tem — o resto da sua vida.

Naquele dia debaixo do secador pensando sobre o resto da minha vida, comecei a usar a *visão para a frente.* Minha amiga Rachelle, a boa samaritana que melhora incansavelmente a qualidade de vida das senhoras do asilo de idosos, disse-me certa vez: "As pessoas não se arrependem das coisas que fazem, arrependem-se daquilo que não fazem".

Diante disso, talvez você possa sentir ainda mais que tem de fazer tudo, mas se pensar mais um pouco, acho que verá que o que ela realmente quis dizer é que as pessoas se arrependem de ter perdido uma janela no tempo — um tempo que nunca mais terão de volta.

Sempre que converso com algumas das *mulheres sábias* que conheço, o que mais me chama atenção é quando elas falam sobre as escolhas que fizeram ou não fizeram; elas têm a vantagem de pensar em retrospecto. Mais do que apenas saber como as coisas poderão acontecer, elas sabem também o que provou ser importante e o que acabou não tendo importância alguma.

Elas não se atrapalham com os detalhes do momento, portanto podem enxergar claramente.

Previsão é a habilidade de olhar para a frente, e retrospecto é a habilidade de olhar para trás. Eu defino a *visão para a frente* como a habilidade de saltar para diante e olhar para trás com antecedência. É realmente simples deixar os problemas do momento e imaginar que você está no futuro.

Imagine-se com a idade de noventa anos, sentada na varanda, relembrando sua vida e focalizando o lugar onde você está exatamente neste momento. Agora pode ver o que são as coisas mais importantes da sua vida. O que são elas? Quando olhar para trás, para a mulher mais jovem que é agora, o que desejaria que ela tivesse feito nessa janela do tempo?

Você se lembra de Suzanne, a ótima gerente de vendas que adora ajudar seu pessoal? Durante um jantar de negócios ela me contou que tivera a chance de aceitar uma promoção na empresa e mudar-se para a Europa. Era uma oportunidade maravilhosa, uma estada de três a cinco anos em Londres com viagens pelo restante da Europa financiadas pela empresa. Suzanne tem 45 anos, é solteira e sem filhos, portanto não tinha motivos para não ir.

Quando ela me contou sobre isso, eu pensei: "Uau, espero algum dia ter uma chance como essa". Evidentemente aquela era a chance de uma vida inteira e ela não iria querer perdê-la. Achei que a resposta seria óbvia, mas perguntei assim mesmo: Quando ela olhasse para trás, para este momento da sua vida, o que desejaria ter feito, permanecido em Dallas ou ido para a Inglaterra? Ela pensou por um instante e disse:

> *"Sabe, eu sou realmente feliz aqui. Passei um bocado de tempo reunindo um excelente grupo de amigos. Vejo meus sobri-*

nhos e sobrinhas o tempo todo, e isso significa muito para mim. Além do mais, você sabe que meus pais estão velhos e não quero perder este tempo de vida deles. Se sair do país por cinco anos, meus sobrinhos vão crescer, perderei meus amigos e meus pais ficarão ainda mais idosos. O trabalho deve ser tão exigente que duvido que terei tempo de voltar para cá com freqüência. Então, sabe, acho que quero ficar onde estou. Posso ir para a Inglaterra nas férias, se isso for tão importante. Tenho o resto da vida para conhecer a Europa, mas quero aproveitar a felicidade que tenho agora".

Tenho certeza de que todos a acharam maluca, mas ela fez a escolha certa para si mesma. A resposta de Suzanne demonstra o que realmente significa a chance de uma vida. Nem sempre são as oportunidades que lhe são oferecidas, pode ser algo ou alguém que está ao seu lado todos os dias.

LAMPEJO

Nossa vida é uma série de janelas que se abrem e fecham. A parte mais difícil é descobrir quais delas ficarão fechadas para sempre.

Não importa que idade tenhamos, sempre existem algumas janelas abertas. Pergunte à senhora da liquidação de garagem.

Uma coisa que eu já deveria ter-lhe dito sobre JoAnn — ela se descreve como uma pessoa incrivelmente pão-duro. Eu prefiro pensar nela como frugal. Uma das maneiras como JoAnn economiza dinheiro é vasculhando as liquidações de garagem nos bairros chiques. Ela estava num desses paraísos de caçadores de pechinchas, prestes a brigar com uma mulher por causa de um sofá, quando a filha dessa senhora se aproximou delas. A filha disse à mulher que ela não deveria comprar o sofá, porque provavelmente teria de se mudar em breve. Ao que parece, a filha queria que a mãe se mudasse da atual casa em Birmingham para morar com ela em Atlanta. A senhora aparentava cerca de setenta anos, e a filha não se sentia confortável com a mãe morando a duas horas e meia de distância. A mulher disse a JoAnn que não tinha certeza de que essa seria uma boa idéia, que estava muito bem onde morava. Mas, então, talvez a filha tivesse razão. Embora sua saúde fosse boa, qualquer coisa poderia acontecer.

Era evidente que ela precisava tomar uma decisão. Desde que não temos problemas em nos meter na vida de pessoas estranhas, e elas são surpreendentemente receptivas, JoAnn lhe disse: "A senhora só vai ter este momento uma vez. Daqui a vinte anos, como gostaria de tê-lo passado?". A mulher respondeu imediatamente:

> *"Fazendo exatamente o que estou fazendo agora, passando o tempo com minhas amigas, minha igreja, meus clubes, e indo visitar minha filha quando quero. Tenho uma vida social muito ativa onde moro. Se me mudasse para a casa da minha filha, teria de desistir de tudo, e acabei de perceber que nunca mais teria estas coisas novamente. Nunca mais! Minha filha trabalha o dia todo, portanto eu ficaria sozinha. Sempre posso me mudar para cá, se for preciso, mas agora talvez seja a minha última chance de ter esta ótima vida social".*

Algo me diz que uma conversinha de mãe para filha aconteceu naquela noite.

Conversei sobre essa minha idéia das "janelas do tempo" com outra amiga, Nancy, uma consultora com quem trabalhava de vez em quando, e ela deu-me a resposta mais surpreendente que eu havia recebido desde então. Estivéramos falando no telefone certo dia, sobre um projeto futuro, e ela dissera:

> *"Eu tenho esta grande oportunidade de levar o meu negócio para uma direção completamente diferente. Estou muito interessada, mas as coisas vão tão bem agora e não tenho certeza se deveria mudar".*

Nessa altura eu já havia usado a técnica da *visão para a frente* com algumas amigas e estava começando a ficar bastante presunçosa com a minha capacidade de ajudar as pessoas a descobrir seus caminhos. Sabendo que seria capaz de ajudá-la a aproveitar essa grande oportunidade, eu disse, com toda a confiança: "Você tem uma janela que lhe foi aberta. Daqui a dez anos o que desejaria ter feito com isso, algo novo e excitante ou a mesma coisa que sempre fez?". Nancy respondeu:

> *"Você tem razão. Eu realmente tenho uma janela, e isso me faz perceber que deveria passar mais tempo com o meu cavalo".*

Não estou brincando, foi exatamente isso que ela disse. O cavalo!!! Veja qual foi o seu raciocínio:

> *"Eu adoro praticar saltos de equitação. Tenho 35 anos e não vejo ninguém em meu circuito que tenha mais de cinqüenta. Preciso passar os dois próximos anos deixando meu cavalo em forma, para que possamos passar alguns bons anos juntos saltando".*

Era o que faltava para a minha carreira de orientadora de carreira. Tudo fez sentido quando Nancy explicou que o circuito de equitação e seus amigos ali eram os grandes amores da sua vida. Isso prova que se você quer que uma pessoa lhe dê a resposta certa, ela não pode. Pode lhe dar uma opinião, mas como a minha com Nancy, é baseada nas suas próprias idéias das janelas, e não nas grandes paixões da sua vida que você sabe que não quer perder.

No início, quando JoAnn e eu pensamos na *visão para a frente* como um meio de identificar as janelas, a encaramos como uma técnica para fazer as grandes escolhas. Mas descobrimos que também funciona para as pequenas. Na verdade, faz que você perceba quanto elas são pequenas.

Outro dia JoAnn estava toda nervosa por causa de uma situação com o filho. Parece que ele estava namorando uma jovem e, na opinião dela, a coisa estava ficando razoavelmente séria. JoAnn tinha algumas reservas sobre se a garota seria ou não a melhor para ele (ela ainda não admitia o que todas nós sabemos: ninguém nunca será bom o bastante). Uma das coisas que a deixavam preocupada era o fato de essa garota ter expectativas muito irreais acerca da carreira. Ela estava se decidindo por uma carreira baseada no que achava que poderia ganhar, sem saber do que realmente se tratava em termos de trabalho.

O grande dilema de JoAnn era: quão sério seu filho estava a respeito daquela jovem? Ela seria a sua futura nora? Se esse fosse o caso, JoAnn achava melhor intrometer-se e ajudar a garota a descobrir quais seriam os seus planos de carreira. Providenciaria para que ela conhecesse a futura profissão mais de perto e lhe compraria alguns livros sobre o assunto, da maneira que havia feito com o filho? Ou, sutilmente, daria indicações ao filho de que achava que ele poderia conseguir algo melhor? E ele poderia? A garota era apenas bem jovem e não tivera muita ajuda ou o seu seria uma tremenda falha de caráter? O que fazer, ajudar, não ajudar, intrometer-se, não intrometer-se?

JoAnn imaginou-se com noventa anos e olhando para si mesma naquele momento. O que ela gostaria de ter feito? A resposta era óbvia — ajude a garota. Se ela acabasse se tornando sua nora, JoAnn a teria conhecido melhor e, conseqüentemente, teria melhorado a vida do filho ajudando a carreira da esposa. Se eles terminassem, então JoAnn teria dedicado seu tempo ajudando uma jovem que precisava. No final, não era um problema assim tão grande, e JoAnn nem acreditava que passara tanto tempo se preocupando.

Ah, claro, ela fica com os mais fáceis. O filho dela já está criado. Mas o que eu faria? Comecei este capítulo falando sobre o tempo e a minha própria amedrontadora *lista dos deveria,* e como percebi que teria de desistir de alguma coisa, estava apenas tentando decidir o quê.

Tudo acabou da seguinte forma: o trabalho era uma longa janela, e estar com aquela filha maravilhosa que eu trouxera ao mundo era uma janela curta. Uma vez que enxerguei isso com clareza, fiz os meus planos.

LAMPEJO

Escolher como empregar o seu tempo nem sempre significa desistir das coisas, significa apenas decidir.

Até aquele momento eu achava que o trabalho significava setenta horas por semana, todas as turbinas ligadas, um empreendimento de uma vida. Ele me definia, era o que eu era. Desistir dele significaria que eu desperdiçara todo o tempo que passara construindo minha carreira.

Mas aquela era a antiga "eu". Minha mãe morrera, eu tivera uma filha e, subitamente, o mundo me parecia um pouco diferente. Percebi que minha escolha não era desistir de alguma coisa, era *escolher* como empregar meu tempo. Se escolhesse passar esse ano de maneira diferente do ano anterior, não significaria que a maneira como passara os últimos anos tinha sido um desperdício. Eu aproveitara bem o tempo e ganhara um bom dinheiro.

Eu *decidi* que, porque desistir de tudo também não seria uma opção plausível, teria apenas de mudar a maneira como trabalhava. O fato de que a minha empresa estava uma confusão e de que eu detestava tanto o meu novo chefe que nem conseguia pensar direito ajudou muito no meu processo de tomada de decisão. Eu trabalhava em meio período e, um tanto desavergonhadamente, roubei alguns clientes da empresa para ir trabalhar por conta própria.

Eu ainda trabalho e ainda gosto do que faço, mas isso já não me define mais. Estou tentando aproveitar ao máximo as minhas janelas do tempo com minhas filhas, e procurando ganhar o sustento nesse processo. Apenas tento continuar me lembrando de qual janela vai se fechar em dez anos, e qual ainda ficará aberta por mais trinta.

Se você acha que vou saltar daqui para a noção de que as mães não deveriam trabalhar em tempo integral, eu não vou. Apenas lhe contei a minha história para que você soubesse como vim parar aqui, e que tento praticar o que digo. Se acontece de você estar encarando esse dilema em especial neste exato momento, eu não a invejo. A escolha que fiz foi certa para mim. Mas apresso-me a acrescentar, não tenho os seus filhos, o seu casamento, o seu talão de cheques nem a sua carreira.

Lembre-se, nós enterramos a *lista dos deveria* vários capítulos atrás. Uma vez que fez isso, você pode seguir em frente, sentindo-se melhor com a vida que já tem e mais confiante a respeito da vida que ainda terá. Você pode de fato tornar a sua vida mais fácil deixando algumas coisas de lado. Existem algumas janelas que podem esperar.

Eu estava conversando com minha amiga Jennie, aquela linda mulher que descobriu alguns amigos de verdade quando teve câncer e se divorciou. Estávamos ambas lamentando nossa falta de esforço em questões cívicas. Minha mãe estabelecera uma trilha natural, portanto eu deveria estar fazendo alguma coisa, certo? Sou uma orgulhosa participante da Associação de Pais e Mestres e freqüento todas as outras atividades das mamães, mas sempre tive essa desagradável sensação de culpa por não fazer algo maior.

Uma vez que usei minha *visão para a frente* com as minhas janelas, percebi que a minha janela para serviços comunitários está basicamente aberta até o fim da minha vida. Se eu conseguir conduzir minhas finanças da maneira certa e me aposentar, poderei passar uma década inteira, dos sessenta aos setenta anos, devotando-me totalmente a livrar o mundo das doenças e do mal, e gerando a harmonia entre as pessoas. Meu Deus, com dez anos em que não haveria nada que eu pudesse fazer!

O primeiro comentário de Jennie foi: "Que alívio, estou completamente desobrigada disso agora. Isto é, posso adiar por enquanto e não me sentir mais culpada".

Ela está certa. Eu já estava adiando, mas estivera sentindo-me culpada assim mesmo, uma emoção desperdiçada, se é que isso existe. Mais uma vez eu estava livre, faria isso, só que não seria agora. Além do mais, se seguisse os meus próprios conselhos, saberia que criar duas meninas pequenas é uma contribuição e tanto para o mundo, por enquanto.

Provavelmente existem muitas coisas na sua vida que você precisa fazer. Às vezes não importa que janela está fechando, você ainda tem de levar o lixo para fora, lavar a roupa, ganhar o sustento, seja o que for. Mas por apenas cinco minutos pode tirar a exigência da sua lista mental. Acredite, ninguém vai mexer nela quando você não estiver olhando.

Imagine que você tem noventa anos e está relembrando sua vida. Nessa altura não estará preocupada com os detalhes das coisas, estará pensando no que realmente era importante ao final do dia. Seus filhos estão crescidos, não há mais tarefas nem promoções, e provavelmente você não é mais convidada para muitas festas. Está sentada naquela cadeira de balanço, lembrando-se da mulher que é agora. Não sei quantos anos ela tem, trinta, quarenta, cinqüenta, sessenta, mas ela lhe parece jovem. O que você quer dizer para aquela mulher mais jovem? Ela está sentada ao seu lado na varanda e deseja saber: O que realmente foi importante na sua vida? Ela tem muitos anos à frente, o que desejaria ter feito com eles? Que chance de uma vida inteira ela tem agora à sua frente, neste exato momento, e que vai desaparecer para sempre algum dia?

São os pais idosos, uma grande idéia de negócios, um bebê para acalentar, uma amiga doente para confortar, um marido para seduzir, um adolescente para endireitar, netos para mimar, um filho crescido que precisa de ajuda, uma comunidade em perigo por causa de algum empreendedor, ou até mesmo um cavalo para montar?

Quais são as janelas da sua vida para as quais ela pode voltar, e quais são aquelas que estão se fechando? Como você quer que ela empregue esse tempo? De onde está sentada, as respostas são bastante claras. Segure-lhe a mão e fale com ela. E diga-lhe por quê. Você pode ver a pressão pela qual ela está passando, portanto se ela quiser voltar, dê-lhe permissão para deixar tudo de lado sem nem sequer um instante de culpa. Se uma janela está se fechando, diga-lhe para aproveitar ao máximo agora mesmo. Você sabe que ela não se arrependerá disso nem por um minuto.

Não se trata apenas de onde você emprega o seu tempo; trata-se de onde você emprega seu coração. Completar os itens da *lista dos deveria* não a deixa feliz, vai deixá-la apenas cansada. Poupe seus esforços para o que é realmente importante.

EU TENHO UM PRESSENTIMENTO A RESPEITO DISSO

Quando me deparo com uma decisão realmente importante, eu:

A. Pego as cartas de tarô e resolvo tudo.

B. Olho em volta para ver se não há mais alguém que possa jogar o jogo dos adultos por um instante.

C. Vou em frente e aumento tudo.

D. Escuto minha voz interior, porque ela tem uma longa história de guiar-me para a direção certa.

Nem sempre é fácil descobrir que janelas estão fechando. Se você é como eu, uma das janelas que negligencio constantemente é a janela da diversão. Normalmente nem consigo entreabri-la, quanto mais aproveitá-la ao máximo.

No entanto eu estava determinada a me divertir um pouco no ano passado, portanto encomendei ingressos para uma série de concertos — quando a gente compra um pacote de ingressos para várias apresentações diferentes. Não éramos grandes fãs de todos os artistas, mas que diabo? Qualquer concerto é mais divertido do que lavar a roupa e pagar as contas, coisas que estávamos fazendo nos fins de semana.

Não seria de prever? Na manhã do primeiro concerto alguns amigos ligaram dizendo que iriam dar uma festa improvisada e perguntando se nós poderíamos ir. O artista agendado para aquela noite não era dos mais populares, portanto vender os ingressos não era uma opção. Mas aquela seria uma festa com amigos que não víamos havia tempo. Tendo em vista a nossa frágil vida social, detestávamos a idéia de recusar um convite.

Já tínhamos pago os ingressos, portanto decidimos que o melhor a fazer seria dar uma passadinha na festa a caminho do teatro. "Sem problema", nossos amigos disseram. "Venham e fiquem pelo tempo que quiserem, nós resolvemos fazer tudo de última hora e será muito informal". Nós fomos, e justamente quando a festa estava começando a ficar animada, tivemos de sair. Como expliquei aos nossos amigos: "Gostaríamos mesmo de ficar, mas já compramos os ingressos para o concerto e agora precisamos ir".

Quando estávamos prestes a sair, um dos nossos amigos comentou: "Na verdade vocês não precisam ir. Já gastaram o dinheiro, agora é apenas uma questão de como querem passar o tempo". Ele tinha razão, nós não queríamos ir ao concerto, queríamos ficar com os nossos amigos. Ficar não seria um desperdício de dinheiro, mas ir embora seria desperdiçar a oportunidade. Nós tiramos os casacos e tivemos uma das noites mais divertidas dos últimos tempos.

Existem algumas encruzilhadas bem óbvias na nossa vida, em que uma parte dela está encerrada, e outra, prestes a começar, como ter um filho, concluir uma faculdade ou decidir que emprego aceitar.

Mas existe também uma variedade de outras decisões que tomamos todos os dias sem nem mesmo perceber. Manter o emprego, permanecer num relacionamento, morar onde moramos ou ficarmos firmes nos planos da noite de sábado. Essas decisões podem não parecer eventos divisórios, mas a soma dessas escolhas é o que constitui a sua vida.

O melhor critério para tomá-las é descobrir o que você realmente *quer* fazer. Outro dia eu estava conversando com a minha amiga Ellen e ela disse: "Eu tenho este resfriado há duas semanas e não estou aproveitando a minha vida". Minha reação inicial foi: "Ah, certo, esqueci, eu deveria estar aproveitando a minha". Às vezes, no grande esquema das coisas, isso é bem fácil de esquecer.

Se a sua vida não é tudo o que você deseja e se as minhas sugestões não a fizeram sentir-se nada melhor, talvez seja a hora de repensar o seu plano. Se não há diversão, excitação, amor, desafios ou descanso suficientes na sua vida, ela não precisa continuar desse jeito.

LAMPEJO

Apenas seguir o fluxo é uma decisão.

Uma vez que investimos tempo e dinheiro em alguma coisa, presumimos que devemos mantê-la seguindo a mesma trilha. Deus me livre de desperdiçar os ingressos para o concerto. Eu estava disposta a abrir mão de uma noite divertida só porque já pagara uma outra coisa.

Se você começou a seguir numa determinada direção, não é obrigada a continuar. A última coisa que merece é ocupar-se tanto que nem mesmo seja capaz de reconhecer quando chega o momento de mudar de rumo. Certa vez tive um chefe excelente que me disse o seguinte:

"O erro que muitos grandes executivos cometem é que não se permitem um tempo suficiente para pensar. Quando estão começando a subir os degraus da carreira, eles têm mais tempo para isso, mas conforme vão sendo mais bem-sucedidos, o tempo é agendado em minutos. É uma pena, porque esse tempo para pensar provavelmente foi o que os levou ao topo, no início".

Isso se aplica também a tudo o mais. A não ser que você tire um tempo, jamais será capaz de descobrir o que fazer a respeito do problema. Como pode decidir se o seu trabalho está dando certo se está gastando toda sua energia mental realizando-o? Estou aqui para lhe dizer que é muito mais fácil ficar ruminando sobre que tipo de mãe você deseja ser se não houver um bando de crianças gritando no quintal. Não se pode ter uma perspectiva nítida quando se está dentro de uma situação.

Se não gosta do roteiro que lhe foi dado, verifique e veja quem o escreveu. Mesmo se foi você mesma, permita-se reescrevê-lo. Se não gosta do espetáculo, pode simplesmente sair do teatro. Mesmo um jogador sabe quando dar as cartas e quando guardálas. Só porque você parou, não significa que tenha desistido. Significa que teve o bom-senso de saber quando é hora de reavaliar.

Não sei que tipos de escolha você está enfrentando em sua vida. Talvez seja algo novo que tenha surgido. Ou talvez esteja decidindo se está ou não feliz com as coisas do jeito que estão. Seja lá o que for, saiba que as decisões nem sempre se apresentam em pacotinhos marcados com A, B e C. Se fosse assim, seria bem mais fácil reconhecer a hora de tomá-las.

LAMPEJO

Precisamos nos dar tempo para pensar.

Não estou falando de meditar no alto de uma montanha; às vezes algo tão simples quanto um banho de espuma funciona. Tudo o que você deseja é dar-se algum tempo para esquecer os problemas de todos os demais e descobrir quais são os seus. O restante do mundo colocou todos aqueles itens na sua *lista dos deveria*. Já é hora de recriá-la como uma *lista dos poderia*, portanto você é a única que sabe como fazê-la. Você *poderia* fazer isso ou aquilo, o *deveria* não tem peso algum nessa equação.

Se você tem um problema a resolver, existe uma parte do seu cérebro que ficará contente em lhe dizer o que fazer, mas precisa tirar um momento para ouvi-la.

A intuição tem sido chamada de somatória de todos os outros sentidos. Nós todos a temos, é apenas uma questão de quanto confiamos nela. Entretanto, como os nossos sentidos podem colaborar se insistimos em mantê-los ocupados com outras coisas 24 horas por dia? Posso desempenhar várias tarefas ao mesmo tempo com os outros, mas nunca consegui ter um "lampejo" intuitivo enquanto falava no telefone, ou fazendo o jantar e olhando as crianças. É bem difícil obter clareza dos nossos pensamentos quando estamos tão ocupadas reagindo a tudo o mais que acontece à nossa volta.

Seguir a intuição não é algo que acontece naturalmente para todo mundo. Minha amiga Shannon diz que a sua intuição é como "uma boa amiga: se a esnoba por muito tempo, ela desistirá de falar com você". Se você tem dificuldade em entrar em contato com a sua, veja se algumas dessas técnicas poderá lhe ajudar a encontrá-la.

Um método experimentado e seguro é fazer duas colunas numa folha de papel, uma com os "mais", outra com os "menos". Lembre-se, a chave aqui não é a extensão de cada coluna, mas sim como você se sente a respeito. Algumas das melhores decisões que já tomei tinham uma longa lista de motivos no lado "menos" e um simples "porque eu quero" no lado "mais". Acrescentar mais um filho à nossa família é um exemplo que me vem à mente de imediato.

Talvez você seja do tipo de pessoa que gosta de falar sobre as coisas. Sei que o cérebro deve trabalhar antes de falarmos, mas o meu não começa a funcionar antes que minha boca já tenha sido aberta por pelo menos cinco minutos. Esta não é a melhor técnica para uma apresentação, mas já me ajudou a desvendar mais do que um dilema. Tentar articular o problema para alguém obriga-me a deixá-lo mais claro para mim mesma.

Outra coisa que me ajudou a obter uma perspectiva melhor das coisas é imaginar o que eu diria à outra pessoa que estivesse vivendo a minha vida. Suponha que uma amiga, um parente ou um estranho no avião lhe perguntasse o que deveria fazer. O que você diria? Todas as mães por aí talvez pensem em como gostariam que os filhos cuidassem das coisas, se estivessem no lugar delas. Talvez você não pense que um dia eles estarão, mas, se estiverem, seu exemplo já os informou como agir.

Depende de você descobrir como pode tomar as melhores decisões; apenas quero que reconheça aquelas que são suas. Já lhe pedi para pensar em quais são as suas janelas e o que realmente será importante para você no final da sua vida. Agora estou lhe pedindo para ouvir a sua resposta. Posso garantir, você é a única pessoa que a possui.

Sabe aquela vozinha na sua cabeça que está sempre lembrando que você não atingiu os padrões? Já está na hora de mandá-la calar a boca. Ela pode parecer que lhe pertence, mas não é sua.

Uma vez que a silenciou, você pode começar a ouvir aquela cujas opiniões são bem mais importantes. Esta é a sua. Você sabe o que deseja fazer com a sua vida. E merece começar a fazer.

ESTA É A GUARDIÃ

Uma das coisas que já reparei a respeito das mulheres é que estamos sempre economizando. Todas aquelas coisas que, de alguma forma, não são boas o bastante para nossa vida normal e precisam ser guardadas para uma ocasião especial, como nossa melhor roupa, um bom perfume, toalhas decentes ou jóias de verdade — as coisas boas.

Com JoAnn eram as velas. Durante anos ela gostou de velas bonitas. Ou, pelo menos, gostava de comprá-las ou de ganhá-las de presente. Claro, elas eram boas demais para ser usadas todos os dias, então JoAnn as foi guardando. Na verdade, tinha uma caixa inteira cheia dos mais variados tipos de velas maravilhosamente perfumadas, que ela guardava para uma ocasião especial. A rainha nunca veio para jantar, portanto aquela caixa de velas ainda está na garagem de JoAnn. Só que não estou bem certa de que se pode chamá-las de velas, agora: montinhos de cera descoloridos, sem perfume e deformados pode ser uma descrição mais adequada. Umas poucas que ainda têm o pavio talvez sejam úteis numa noite, mas a não ser que você considere a falta de energia uma ocasião especial, a maioria já ultrapassou seu momento de glória.

Não é apenas pela companhia que tentamos economizar as coisas. Às vezes é por nós mesmas. Minha amiga Jodie diz que tem uma gaveta cheia de *lingerie* que não usa há anos. "Bem", ela diz, "acho que estou sempre pensando que algum dia vamos sair para um fim de semana romântico e terei a chance de usá-las. Mas antes preciso perder uns cinco quilos." Jodie e o marido têm duas crianças pequenas, portanto não vão com muita freqüência a essas lindas pousadas românticas. E quanto à aparência dela? Bem, pela minha experiência pessoal, normalmente nem é necessário um *négligé* para que o homem fique interessado, mas se Jodie estiver esperando por aquele fim de semana para sentir-se romântica, tudo o que posso dizer é que o Dia dos Namorados acontece só uma vez por ano. Além disso, pelo que sei, se acontecer de meu marido e eu irmos para a cama ao mesmo tempo, com o mesmo nível de energia e com a mesma, digamos, disposição... já é uma ocasião especial!

Quanto a mim, costumava ser particularmente obsessiva com o meu melhor perfume. Pelo menos era até um aniversário, poucos anos atrás. Era o Dia do Trabalho, e meu marido e eu, apropriadamente, passamos o dia trabalhando no quintal. Nossos vizinhos fizeram um churrasco naquela noite, o que foi ótimo porque, tendo gasto todo o nosso dinheiro em azaléias, estávamos "duros" para sair e comemorar meu aniversário.

Era uma reunião informal, mas tomei um banho e vesti roupas limpas antes de sair. Estava acabando de me arrumar e decidindo se deveria ou não usar o meu perfume bom. Meu marido me dera de presente de Natal, e eu o considerava um perfume caro. Deve ter custado pelo menos 50 dólares o frasco e estava definitivamente incluído na categoria de guardar-para-uma-ocasião-especial. A lavanda de drogaria era para o uso diário.

Então lá estava eu, pronta para ir à festa dos vizinhos, no dia do meu aniversário, decidindo se deveria ou não usá-lo, quando de repente me dei conta — a minha vida não vai ficar melhor do que isso!

Já era ruim o bastante eu achar que não merecia usar um perfume decente no dia-a-dia, mas se não o usasse no meu aniversário, quando seria?

LAMPEJO

Sua vida normal e rotineira pode ser uma ocasião especial, se você permitir.

Você pode passar pela vida tão lindamente e tão descuidadamente quanto quiser. Só não perca tempo esperando. Esperando que essa parte termine e comece a parte boa. Esperando até que, finalmente:

Tenha uma casa nova; não precise mais comprar fraldas; ganhe mais dinheiro; perca cinco quilos; se aposente; se case; mande o seu chefe "passear"; tenha um bebê; consiga um emprego maravilhoso; se torne avó; se mude; termine o livro que está escrevendo; ou seja o que for.

Essas coisas podem acontecer e talvez sua vida fique melhor quando acontecerem. Mas você quer mesmo esperar até lá para começar a desfrutar tudo? Existem muitas coisas que valerão mais a pena se as guardar para mais tarde, mas a sua felicidade não é uma delas. Planeje o que quiser para o futuro, porém não cometa o erro de deixar a vida em compasso de espera até chegar lá.

Portanto encha-se com o perfume bom, abrace as crianças, esqueça a perfeição e viva a vida. Esta é a que você tem de verdade.

EPÍLOGO

Comecei este livro falando sobre minha mãe, portanto acho que vou encerrá-lo da mesma forma. De muitas maneiras este livro foi um tributo a ela e à vida que teve. Mas foi mais do que isso; foi sobre a vida que eu gostaria que ela tivesse tido.

As coisas que a mãe faz todos os dias são um exemplo para seus filhos, sobretudo para as filhas. Minha mãe estabeleceu alguns padrões bastante elevados que eu tentei superar da melhor maneira que pude. Ela também fez algumas coisas com que estive determinada a lidar de maneira diferente, na minha própria vida. Mas uma das maiores lições que aprendi não veio de observar minha mãe vivendo, mas sim de vê-la morrer.

A morte por câncer não é nada bonita, como qualquer pessoa que já a presenciou poderá lhe dizer, porém existe um único consolo: normalmente se tem tempo. Se houver qualquer coisa entre você e a pessoa a quem ama, há tempo para esclarecer tudo. Como muitas mães e filhas, certamente nós tínhamos alguma coisa. Mas é impressionante como tudo isso desaparece quando a gente sabe que está prestes a terminar.

Recentemente li uma entrevista com um médico que estivera com muitas pessoas em seus leitos de morte, e ele falava sobre quais eram os seus últimos pensamentos. Seu comentário foi: "No final, tudo se resume às pessoas que você amou e que amaram você". Ele tinha razão.

Eu estava presente quando minha mãe morreu. Presente da maneira que todos merecem ter alguém presente. Presente para dizer quanto ela significara para mim e quanto eu a amava.

Presente para dizer que eu sabia quanto ela fizera para a nossa família, e para lhe agradecer. Presente para segurar-lhe a mão e dizer que não se preocupasse com nada. Eu cuidaria de tudo.

Minha mãe teve uma morte em paz, sabendo que era amada e reconhecida pelas pessoas que realmente importavam. Meu único desejo seria que ela tivesse passado mais tempo da sua vida dessa maneira.

Não deveria ser necessário que alguém que amamos morresse para enxergarmos essas coisas. Claro, eu gostaria de poder ter dito isso antes que ela ficasse doente. Gostaria que muitas pessoas pudessem. Porém, mais do que isso, gostaria que ela pudesse ter visto tudo por si mesma. Não deveríamos esperar que algum testemunho de leito de morte ou uma elegia eloqüente finalmente nos fizessem sentir que somos importantes. Isso está aí diariamente, esperando para que vejamos.

Quando nossas amigas se animam só de ouvir o som da nossa voz, quando a vizinha nos procura para um desabafo, quando nosso marido quer saber por que estamos atrasadas, quando a professora nos chama novamente para ajudar na decoração de alguma festa, quando nossos colegas compartilham conosco uma boa risada ou uma fofoca, quando nossos pais ainda nos dizem o que fazer, quando todas as crianças sempre fazem uma bagunça na nossa casa, e mesmo quando as pessoas às vezes nos consideram certas, sempre são as maneiras de nos dizerem que somos importantes para elas. Pode não ser o jeito que queremos ouvir, mas elas estão dizendo. E se você deixou o dia delas um pouco melhor e a mãe na caixa do supermercado fica um pouco menos envergonhada por causa da criança que está gritando, elas também estão dizendo.

A vida de minha mãe teve importância. Teve muita importância, e se ela não soubesse disso enquanto estava viva, espero que saiba agora.

E, sabe de uma coisa? A sua vida também tem, e a minha também. E se não acredita em mim, basta perguntar para a senhora na loja de departamentos.